Collection dirigée par Henri Mitterand

BALISES

GW00691738

Combray

Marcel Proust

- **des repères pour situer l'auteur, ses écrits, l'œuvre étudiée**
- **une analyse de l'œuvre sous forme de résumés et de commentaires**
- **une synthèse littéraire thématique**
- **des jugements critiques, des sujets de travaux, une bibliographie**

Jean Milly
Professeur à la Sorbonne Nouvelle

Sommaire

REPERES

La vie de Proust 3
Chronologie 6
L'œuvre littéraire 9
Sommaire de « Combray » 14
Les personnages 15

RÉSUMÉS ET COMMENTAIRES 19
Combray I 21
Combray II 39

SYNTHÈSE LITTÉRAIRE

Quel type de roman ? 86
Le temps et la mémoire 93
Conscience, introspection, dévoilement 97
Une construction et un style originaux 101

ANNEXES

Lexique 107
Quelques citations 111
Jugements critiques 115
Index thématique 118
Plans et sujets de travaux 119
Bibliographie essentielle 128

© Éditions Nathan 1994, 9, rue Méchain – 75014 Paris.
ISBN 2-09-180757-5

La vie de Proust

L'ENFANCE ET L'ADOLESCENCE : 1871-1889

Marcel Proust naît à Paris le 10 juillet 1871, du docteur Adrien Proust, professeur agrégé de médecine et lui-même fils d'un épicier d'Illiers (Eure-et-Loir), et de Jeanne Weil, fille d'un riche agent de change juif d'origine messine. Un frère, Robert, naît en 1873, et deviendra à son tour chirurgien et professeur de médecine. De 1878 à 1886, Marcel passe ses vacances avec sa famille à Illiers, chez une tante. Illiers, au bord du Loir, servira largement de modèle à Combray. Marcel est un enfant fragile, hypersensible, passionnément attaché à sa mère, mais extrêmement sociable et intelligent. En 1881, il subit une première crise d'asthme, maladie dont il ne se débarrassera plus. Il fait ses études secondaires au lycée Condorcet à Paris. Passionné de littérature et curieux du symbolisme régnant à l'époque, il rédige avec des camarades de petites revues sur des cahiers d'écolier. Très attiré par la mondanité, il commence à fréquenter les salons.

LA JEUNESSE ET LA MONDANITÉ : 1889-1908

De 1889 à 1890, il effectue une année de service militaire comme volontaire, à Orléans. Puis il s'inscrit à la faculté de droit de Paris et à l'École libre des sciences politiques, mais mène surtout une vie mondaine, tout en écrivant des articles et des nouvelles dans des revues symbolistes et dans divers journaux. Il obtient sa licence en droit et prépare une licence en lettres (philosophie), à laquelle il est reçu en 1895. Nommé attaché non rétribué à la bibliothèque Mazarine, il se fait mettre immédiatement en congé et démissionne au bout d'un an, vivant uniquement de la fortune familiale. Ses attachements amoureux sont exclusivement masculins : à l'époque, le musicien Reynaldo Hahn, puis un des fils d'Alphonse Daudet, Lucien.

Son premier livre, *Les Plaisirs et les Jours*, paraît en 1896 : il contient essentiellement des essais déjà parus en revue sur des thèmes symbolistes ou sentimentaux. Le retentissement en est à peu près nul. Il entreprend ensuite en secret un roman tiré de sa propre expérience d'enfance et de vie sociale, et y travaille jusque vers 1900, avant de l'abandonner inachevé. Il sera publié bien après sa mort, en 1952, sous le titre de *Jean Santeuil*, du nom du personnage principal. Proust prend une part active à l'Affaire Dreyfus, dans le camp dreyfusard. Il s'intéresse à la peinture, à l'architecture religieuse, à la littérature anglaise et russe. Il voyage en Bretagne, en Normandie, à Évian, en Belgique, en Hollande et à Venise. Il se prend d'engouement pour la critique esthétique de l'Anglais Ruskin, dont il traduit deux ouvrages, avec l'aide de sa mère et d'une amie anglaise : *La Bible d'Amiens* (1904) et *Sésame et les lys* (1906), qu'il accompagne de notes et d'importantes préfaces. Il perd son père en 1903, sa mère en 1905, et ce dernier deuil le plonge pour plusieurs années dans l'abattement. Il reprend son activité littéraire en 1907 avec des articles, et passe ses vacances à Cabourg (Calvados), où il retournera chaque été jusqu'en 1914 et qui sera le principal modèle de Balbec : il y découvre la vie agréable et la société mêlée des stations à la mode, et visite la Normandie, conduit par un jeune chauffeur, Alfred Agostinelli, destiné à tenir plus tard une grande place dans sa vie.

L'ÉCRITURE DE LA GRANDE ŒUVRE : 1908-1922

En 1908, il publie dans *Le Figaro* une série de spirituels pastiches d'écrivains, qui prouvent qu'il a assimilé leurs thèmes, leur écriture et même leurs tics d'expression. Peu après, il se lance dans un projet hybride, qu'il songe à appeler *Contre Sainte-Beuve. Récit d'une matinée.* C'est en partie une critique sur la façon dont Sainte-Beuve étudie les autres écrivains, en se préoccupant trop de leur vie personnelle, et en partie le récit de la matinée d'un insomniaque qui se remémore son passé, puis parle avec sa mère de littérature. Peu à peu, Proust abandonne la partie de critique, qui sera plus tard intégrée par fragments dans l'ouvrage, et développe le récit de la matinée en celui de la vie entière du narrateur, revue par le souvenir, et aboutissant à la vocation d'écrivain. Cette vie racontée a deux pôles, le « temps perdu », à la fois oublié et passé à des futilités, et le « temps retrouvé », remémoré et transformé en « vraie vie » par la littérature. Pour se livrer à cette tâche, Proust abandonne les mondanités, s'enferme chez lui, travaillant la nuit, dormant le jour, et ne voyant que de rares personnes.

Le premier volume de l'œuvre, *Du côté de chez Swann*, dont « Combray » forme la première partie, est prêt en 1912, mais ne trouve pas d'éditeur. Après plusieurs tentatives, Proust réussit à le faire paraître à ses frais, chez Grasset, en novembre 1913. On annonce pour l'année suivante deux autres volumes, *Le Côté de Guermantes* et *Le Temps retrouvé*, avec pour titre de l'ensemble *À la recherche du temps perdu*. Mais la mort tragique, en mai 1914, d'Alfred Agostinelli, qui était depuis 1913 devenu son secrétaire et son ami très intime, puis le déclenchement de la Grande Guerre, empêchent la publication de cette suite. Proust, non mobilisé en raison de sa santé, continue de s'isoler et remanie son roman en l'augmentant considérablement, y intégrant des expériences nouvelles ; il accorde une place de plus en plus grande à l'homosexualité. Ce n'est qu'après la fin du conflit que paraissent les parties nouvelles, bien plus nombreuses que prévu. L'écrivain, malade et se soignant mal, emploie tout son temps à corriger des épreuves, à mettre au point (toujours en les augmentant et en bouleversant leur ordre) manuscrits et dactylographies, et à inonder amis et éditeurs d'innombrables lettres, dont beaucoup visent à préparer le terrain pour la publication de son œuvre. Il confie depuis 1914 toute sa vie domestique à sa gouvernante, la jeune Céleste Albaret (modèle de la Françoise des derniers volumes) : elle l'aide aussi à classer, à recopier, à coller sur ses cahiers d'innombrables additions, qu'elle appelle ses « paperolles ». C'est chez un nouvel éditeur, la NRF (Nouvelle Revue Française), dirigée par Gaston Gallimard, que paraît toute la suite du roman : en 1919, *À l'ombre des jeunes filles en fleurs*, qui obtient le prix Goncourt et ouvre la voie au succès ; en 1920, *Le Côté de Guermantes I* ; en 1921, *Le Côté de Guermantes II* et *Sodome et Gomorrhe I* ; en avril 1922, *Sodome et Gomorrhe II*. Mais Proust, épuisé, meurt de pneumonie le 18 novembre 1922, ayant écrit le mot « fin » sur le manuscrit des dernières parties, mais n'ayant pas achevé leur mise au point et projetant même de profonds remaniements. Après sa mort, son frère Robert se charge, avec les collaborateurs de Gallimard, de faire paraître *La Prisonnière* (1923), *Albertine disparue* (1925) et *Le Temps retrouvé* (1927). On découvre d'ailleurs aujourd'hui que ces trois dernières parties n'ont pas été publiées selon les vœux de l'écrivain, mais – surtout l'avant-dernière – passablement arrangées.

VIE ET ŒUVRE DE MARCEL PROUST	ÉVÉNEMENTS POLITIQUES, SOCIAUX ET CULTURELS
	1870 Déclaration de guerre à la Prusse (19 juillet). Défaite de Sedan (2 septembre). Proclamation de la République (4 septembre).
1871 Naissance à Paris (10 juillet).	**1871** Commune de Paris (18 mars-18 mai).
1873 Naissance de Robert (24 mai). La famille s'installe boulevard Malesherbes.	**1873** Chute de Thiers. Fin de l'occupation allemande. Rimbaud, *Une saison en enfer*.
	1879 Élection de Jules Grévy.
1881 → **1889** Scolarité (lycée Condorcet).	
	1882 Wagner, *Parsifal*.
	1885 Zola, *Germinal*.
1886 Dernières vacances à Illiers.	**1886** César Franck, *Sonate pour violon et piano*.
1889 → **1890** Proust reçu bachelier. Service militaire. Mort de sa grand-mère maternelle, Mme Nathé-Weil.	**1889** Démission de Jules Grévy. Affaire Boulanger. Paul Claudel, *Tête d'or*.
	1890 Paul Valéry, *Narcisse*. Mort de César Franck.
1891 Études de droit et de sciences politiques.	
1893 Articles dans *Le Banquet* et la *Revue blanche*. Vie très mondaine.	**1893** Scandale de Panama.
1894 Rencontre de Reynaldo Hahn.	**1894** Premier procès Dreyfus. Debussy, *Prélude à l'après-midi d'un faune*.
1895 Attaché non rétribué à la bibliothèque Mazarine. Commence *Jean Santeuil*.	
1896 En congé. Publie *Les Plaisirs et les Jours*.	

VIE ET ŒUVRE DE MARCEL PROUST	ÉVÉNEMENTS POLITIQUES, SOCIAUX ET CULTURELS
	1897 Barrès, *Les Déracinés*. Bergson, *Matière et Mémoire*. Gide, *Les Nourritures terrestres*.
1898 Signataire de la pétition d'intellectuels pour la révision du procès Dreyfus.	
	1899 Cassation de la condamnation de Dreyfus.
1900 Séjour à Venise avec sa mère.	**1900** Mort de J. Ruskin.
1902 Voyage en Hollande.	**1902** Debussy, *Pelléas et Mélisande*. Gide, *L'Immoraliste*.
1903 Chroniques publiées dans *Le Figaro*. Mort de son père.	
1904 Traduction de *La Bible d'Amiens* de Ruskin.	**1904** Début de la construction du canal de Panama.
1905 Mort de sa mère.	**1905** Première révolution russe. Romain Rolland, *Jean-Christophe*.
1906 Installation bd Haussmann.	
1908 Série de pastiches dans *Le Figaro*. Entreprend *Contre Sainte-Beuve*.	**1908** Création de la NRF.
1909 Premiers cahiers de « Combray ».	**1909** Création des Ballets russes à Paris.
1910 Début de « Un amour de Swann ».	
1912 Gallimard, entre autres, refuse *Du côté de chez Swann*.	
1913 *Du côté de chez Swann* publié chez Grasset. Proust engage Céleste Albaret.	**1913** Barrès, *La Colline inspirée*. Apollinaire, *Alcools*. Alain-Fournier, *Le Grand Meaulnes*.
1914 Mort d'Agostinelli en avion. Rédaction de *La Prisonnière* et de *La Fugitive (Albertine disparue)*.	**1914** Guerre franco-allemande (3 août).
1916 Rupture du contrat avec Grasset. Fréquente Paul Morand.	**1916** Prise de Douaumont par les Allemands. Freud, *Introduction à la psychanalyse*. Proust n'en a pas connaissance.

VIE ET ŒUVRE DE MARCEL PROUST	ÉVÉNEMENTS POLITIQUES, SOCIAUX ET CULTURELS
1919 Publication à la NRF (Gallimard) de *À l'ombre des jeunes filles en fleurs* (prix Goncourt), de *Pastiches et Mélanges* ; réédition de *Du côté de chez Swann*.	**1918** Armistice de Rethondes.
1920 *Le Côté de Guermantes I.*	
1921 *Le Côté de Guermantes II.* *Sodome et Gomorrhe I.*	**1921** Le tableau de Vermeer, *Vue de Delft*, exposé à l'Orangerie.
1922 *Sodome et Gomorrhe II.* Mort de Proust (18 novembre).	**1922** Mauriac, *Le Baiser au lépreux* Joyce, *Ulysse*.
1923 *La Prisonnière.*	**1923** Bernanos, *Sous le soleil de Satan.*
	1924 Gide, *Corydon.*
1925 *Albertine disparue.*	
	1926 Gide, *Les Faux-monnayeurs.*
1927 *Le Temps retrouvé.*	
1952 *Jean Santeuil.*	
1954 *Contre Sainte-Beuve.*	

L'œuvre littéraire

L'UNITÉ D'ENSEMBLE

L'œuvre de Proust paraît assez diverse : articles variés, pastiches, essais, traductions, textes critiques précèdent le roman. Mais en fait, ce sont des préparations destinées à mettre l'écrivain sur la voie d'une grande œuvre, qui a toujours été son but dernier. Ses premiers articles du *Banquet* et de la *Revue blanche* sont les essais d'écriture d'un jeune homme attiré par l'analyse des sentiments et la mondanité : dans une société oisive et raffinée, des personnages aux noms de rêve font l'expérience de l'inconstance amoureuse, de la jalousie, de rapports difficiles entre enfants et parents, parfois de comportements troubles qui les conduisent au suicide. D'autres évoquent des visions fugitives de paysages, perçus surtout comme des états d'âme. Vers la même époque, des articles sur la peinture (Rembrandt, Chardin notamment) témoignent d'un goût pour la transformation des objets par la lumière ou l'atmosphère ambiante.

Jean Santeuil se présente sous la forme de chapitres préparés pour un long roman à caractère autobiographique, rédigé à la troisième personne. Jean, le héros, y vit une enfance et une jeunesse qui ressemblent assez à celles de Proust : vacances à Illiers, à Beg Meil en Bretagne, souvenirs du baiser du soir, d'amourettes enfantines, de la vie au collège, des amitiés entre camarades, d'invitations dans des châteaux, de vie militaire, de l'affaire Dreyfus, de scandales politiques, de scènes mondaines, d'un amour difficile et jaloux, lié à l'audition d'une certaine phrase musicale. Un grand nombre de ces éléments seront repris dans *À la recherche du temps perdu*.

L'étude de Ruskin donne à Proust l'occasion de s'intéresser à l'art des églises et cathédrales, à Venise, qu'il va visiter, et à la peinture paysagiste. Les notes et les préfaces à ses traductions l'amènent à formuler une pensée personnelle sur la critique littéraire (*La Bible d'Amiens*), et à présenter la lecture comme déterminée par les conditions ambiantes (*Sésame et les Lys*). Puis cette admiration pour un maître cesse, car il veut échapper à une attitude d'idolâtrie.

Les pastiches de 1908 développent la tendance, permanente chez lui, à l'imitation et à l'humour. Flaubert, Balzac, Sainte-Beuve, les Goncourt, Renan, et d'autres sont caricaturés avec plus de finesse que d'outrance. Il s'agit souvent d'écrivains pour lesquels il ressent de l'admiration. Aussi veut-il éviter de les imiter sans s'en apercevoir. Le pastiche, imitation volontaire, a pour lui une « vertu purgative ». C'est aussi de la « critique en acte ». Parallèlement, il se met à écrire des textes de critique sérieuse (en particulier sur Balzac, Flaubert, Sainte-Beuve, Baudelaire, Nerval). Il conteste très vivement Sainte-Beuve : il lui reproche de s'intéresser surtout à la vie mondaine des écrivains, alors que ce n'est pas le même moi qui fréquente le monde et qui écrit des livres. Ces développements voisinent avec des morceaux narratifs, dans lesquels on voit un personnage se réveillant la nuit revivre des souvenirs, puis, au matin, recevoir la visite de sa mère et lui exposer ses vues sur la littérature. Cet ensemble, qu'il songe à intituler *Contre Sainte-Beuve. Récit d'une matinée*, est en réalité l'embryon de ce qui va devenir peu à peu, à partir de 1909, son grand et unique roman (voir La vie de Proust).

Dorénavant, c'est celui-ci qui l'occupe entièrement, jusqu'à sa mort. En dehors de lui nous ne trouvons plus que quelques articles et réponses à des interviews, et une énorme correspondance, publiée aujourd'hui en vingt-et-un volumes. La carrière de Proust est donc entièrement centrée sur la *Recherche*, qui finit par s'assimiler l'essentiel de tous ses travaux antérieurs. Lui-même assure d'ailleurs que les grands artistes ne font jamais qu'une seule œuvre, même s'ils dispersent dans diverses réalisations leur manière unique de concevoir le monde. Avec Proust, le roman prend un caractère englobant, totalitaire pourrait-on dire, dans la mesure où non seulement il représente toute une vie imaginaire, mais fournit une somme de l'expérience entière de l'écrivain et devient ce à quoi il consacre toute sa vie.

À LA RECHERCHE DU TEMPS PERDU

Le récit est celui d'un narrateur adulte qui, à l'exception de l'épisode « Un amour de Swann », se remémore sa vie et la raconte à la première personne. Bien qu'il y ait très peu d'allusions à l'Histoire réelle, on estime qu'il est né vers 1880, et que le moment où le récit s'achève se situe vers 1919. Les parties du roman, de longueurs inégales, reçoivent sept titres que voici, avec un résumé très succinct de leur contenu.

Du côté de chez Swann (3 parties)

« Combray » : c'est l'enfance du personnage (qui n'est pas nommé et qu'il vaut mieux appeler le « héros » pour le distinguer du narrateur adulte) pendant des vacances campagnardes à Combray.

« Un amour de Swann » : cet épisode remonte à bien des années auparavant, lorsque Swann, riche bourgeois parisien, aux relations aristocratiques, tombe amoureux d'Odette de Crécy, personne au passé douteux, qu'il rencontre chez les Verdurin, dans leur salon fréquenté par des artistes. La musique d'un certain Vinteuil sert de toile de fond à leur amour. Mais Odette semblant se dérober, Swann devient jaloux. Il est exclu du clan Verdurin, et finit par se détacher de son amour.

« Noms de pays : le nom » : revenant à son adolescence, le narrateur raconte ses rêves de voyage, puis ses jeux à Paris dans les jardins des Champs-Élysées. Il est alors amoureux de Gilberte Swann.

À l'ombre des jeunes filles en fleurs (2 parties)

« Autour de Mme Swann » : le héros, reçu chez les Swann, fait la connaissance de l'ambassadeur Norpois, de l'écrivain Bergotte, et va au théâtre voir jouer *Phèdre* par la Berma. Tous trois le déçoivent. De plus, Gilberte se lasse de ses assiduités, et ils cessent de s'aimer.

« Noms de pays : le pays » : deux ans plus tard, il va en vacances, avec sa grand-mère, à Balbec, station balnéaire normande. Il y fait des connaissances nouvelles : Mme de Villeparisis, ancienne camarade de pension de sa grand-mère et noble plutôt déclassée ; Robert de Saint-Loup, brillant militaire, neveu de la duchesse de Guermantes ; le baron de Charlus, frère du duc de Guermantes et homme étrange ; et le peintre Elstir, qui le reçoit dans son atelier et lui commente ses toiles. Grâce à lui, il fréquente une « petite bande » de jeunes filles, parmi lesquelles Albertine, sportive et insolente, dont il tombe amoureux.

Le Côté de Guermantes I

La famille du héros s'installe à Paris dans un appartement voisin de celui du duc de Guermantes. Un soir, à l'Opéra, il aperçoit la duchesse dans sa loge et reçoit d'elle un gracieux sourire. Aussitôt il en tombe amoureux et, dans l'espoir de lui être présenté, il rend visite à son neveu Saint-Loup dans sa garnison. Sa manœuvre échoue. Il fait cependant ses premiers pas dans le monde, lors d'une matinée chez Mme de Villeparisis. M. de Charlus s'offre à diriger sa vie. Au cours d'une promenade aux Champs-Élysées, sa grand-mère est victime d'une petite attaque cérébrale.

Le Côté de Guermantes II

On assiste à la dernière maladie et à la mort de la grand-mère. Albertine rend visite au héros : elle ne se dérobe plus devant ses caresses. Saint-Loup emmène son ami au restaurant et lui fait rencontrer la jeunesse aristocratique. L'invitation tant attendue à un dîner chez la duchesse de Guermantes arrive enfin. Il y rencontre toute la haute société, mais finit la soirée déçu par les plaisanteries de la duchesse et les boutades du duc. Il se rend ensuite chez M. de Charlus, avec lequel il a une altercation. Un peu plus tard, il assiste à la dernière rencontre de M. et Mme de Guermantes avec leur ami Swann, très malade.

Sodome et Gomorrhe I

Le héros découvre l'homosexualité de Charlus. Dans un commentaire très oratoire, il rapproche cette condition marginale de celle des juifs.

Sodome et Gomorrhe II

Une nouvelle soirée mondaine, chez la princesse de Guermantes, marque le sommet de sa réussite sociale. Il fait un second séjour à Balbec, y retrouve Albertine, avec laquelle il fait de nombreuses promenades dans les environs. Ils fréquentent, avec de nombreux artistes et intellectuels, la villa des Verdurin. M. de Charlus révèle de plus en plus publiquement son homosexualité. Un soir, Albertine parle de ses relations très amicales avec Mlle Vinteuil, connue pour son lesbianisme. Désespoir du héros qui décide, paradoxalement, de se fiancer avec elle.

La Prisonnière (1re partie de Sodome et Gomorrhe III)

Le couple s'installe à Paris chez le héros, qui surveille de très près Albertine tout en la comblant de cadeaux. Mais elle semble déjouer sa surveillance. On apprend les morts de Bergotte et de Swann. Le héros (le narrateur lui donne ici le prénom de Marcel) assiste seul à une soirée musicale organisée par Charlus chez les Verdurin. Il entend un septuor de Vinteuil, qui l'entraîne dans de vastes réflexions sur l'art. M. de Charlus est insulté par son protégé Morel. La vie avec Albertine devient une suite de disputes et de réconciliations. Au moment où Marcel se prépare à rompre avec elle, elle s'enfuit de chez lui.

Albertine disparue (2e partie de *Sodome et Gomorrhe III*, intitulée dans certaines éditions *La Fugitive*)

Le héros essaie de faire revenir Albertine. Au moment où elle accepte, il apprend sa mort dans un accident de cheval. Accablé de chagrin, il revit en souvenir son passé avec elle, mais peu à peu la jalousie se glisse en lui, et il fait entreprendre des enquêtes qui renforcent ses soupçons. Au cours d'un voyage à Venise avec sa mère, il constate qu'il l'a complètement oubliée. Gilberte épouse Saint-Loup, qui la trahit avec des hommes.

Le Temps retrouvé

(Cette partie, comme la précédente, non mise au point par Proust, pose des problèmes de composition.) Après des années, Marcel revient à Paris pendant la guerre, et y trouve la vie entièrement changée. Tout le monde ne cherche qu'à y assouvir ses passions. Après le retour de la paix, il se rend à une matinée chez la nouvelle princesse de Guermantes, qui n'est autre que l'ancienne Mme Verdurin. Plusieurs sensations fortuites provoquent en lui des souvenirs involontaires, grâce auxquels il pense pouvoir atteindre une vérité éternelle. Il découvre l'importance, en littérature, du travail du style, de la métaphore, et la place primordiale de l'expérience vécue. Tous les invités ont vieilli, au point d'être devenus méconnaissables. Leurs situations ont changé. On lui présente la fille de Gilberte et de Saint-Loup, âgée de seize ans, symbole de la réunion des deux « côtés » de Combray comme des deux côtés, bourgeois et aristocratique, de la société. Il se sent maintenant prêt à écrire un livre, tiré de sa propre vie, et dont le temps sera le thème principal.

Sommaire de «Combray»

«Combray I». Un homme évoque une époque lointaine où, couché de bonne heure, il s'éveillait en pleine confusion mentale. Par le souvenir des chambres habitées autrefois, il reprenait peu à peu conscience de sa personnalité. Il passait alors la fin de la nuit à se remémorer son passé. Il commence ainsi à raconter son histoire, par fragments tournant tous autour des soirées de son enfance à Combray : projections d'une lanterne magique, promenades de sa grand-mère dans le jardin, visites vespérales d'un voisin, M. Swann, parfois invité à dîner et privant involontairement l'enfant du baiser que sa mère a coutume de lui donner dans son lit. Un soir, celui-ci en est si malheureux qu'il interpelle ses parents après le départ de l'invité. Au lieu de la punition redoutée, il obtient paradoxalement que sa mère vienne coucher auprès de lui.

Un jour, la saveur d'une tasse de thé et d'une madeleine provoque par hasard un autre souvenir de Combray qui entraîne, lui, la résurrection complète du temps vécu jadis dans la petite ville.

«Combray II». La vie familiale est présentée comme une sorte de rituel : arrivées par le train, matinées, journées du dimanche, déjeuners du samedi, lectures, «mois de Marie», promenades. En même temps sont décrits les lieux habituels de cette vie : l'église, les rues, les chambres de la tante, le cabinet de repos de l'oncle, la cuisine, la rivière, les environs, du «côté de chez Swann» et, à l'opposé, du «côté de Guermantes». De nouveaux personnages agrandissent le cercle familial : la tante Léonie, l'oncle Adolphe, la cuisinière Françoise, véritables types tracés avec un prodigieux humour ; d'autres sont extérieurs à ce cercle : le snob Legrandin, le puritain Vinteuil et sa fille, la duchesse de Guermantes. Ils se répartissent en deux univers, couplés avec les deux côtés des promenades : celui des bourgeois et des petites gens, où aussi s'éveille la sensualité du jeune garçon, et celui de l'aristocratie (les Guermantes), domaine du rêve, de l'histoire, associé au désir d'écrire. Les dernières pages nous ramènent aux impressions de réveil du début.

Les personnages de «Combray»

Le cercle familial

Le héros : non nommé dans cette partie du roman. Il est fictif, mais beaucoup de ses traits de caractère appartiennent au jeune Proust : la sensibilité, la fragilité, l'enthousiasme, le goût pour les livres, l'attachement passionné à sa mère.

Le père : on ne connaît pas son métier, mais il semble appartenir à une bourgeoisie très aisée. Entouré de respect par les siens, il joue le rôle de chef de tribu, connaît bien les rues de la ville et le temps qu'il va faire, conduit les promenades. Redouté par l'enfant pour son ignorance du « droit des gens », il se montre débonnaire dans la scène du baiser du soir.

La mère : personne la plus proche du héros. Il a un besoin constant de sa présence, surtout le soir à l'heure du coucher. Mais elle fait preuve de fermeté avec lui, voulant lutter contre son tempérament nerveux. Socialement, elle se tient à son rôle de parfaite maîtresse de maison.

La grand-mère : c'est l'autre grand amour du fils. Elle partage avec la mère la tendresse et l'anxiété. Moins préoccupée de principes de fermeté morale, elle a d'autres exigences : les vertus du plein air, le goût de l'art. Elle a un culte pour Mme de Sévigné. La bonté rayonne de sa personne et surtout de son regard. Proust a réparti entre elle et la mère les traits de sa propre mère.

Tante Léonie : tante du héros, chez qui la famille vient en vacances. Malade plus imaginaire que réelle, elle se cloître dans sa chambre, recevant de rares visites, mais observant et commentant tout ce qui se passe dans la ville. Elle est le symbole d'une étroitesse d'esprit villageoise mais, bien plus tard, dans *La Prisonnière*, le héros, qui vit alors reclus avec Albertine et en mauvaise santé, reconnaîtra en lui-même l'héritage de sa tante.

L'oncle Adolphe : c'est en fait un frère du grand-père. Il ne vient plus à Combray, après une dispute de famille occasionnée par une indiscrétion de l'enfant. Il vit à Paris dans un appartement à la mode, et reçoit des actrices. C'est chez lui que le héros a rencontré une aimable dame en rose (dont nous apprendrons bien plus tard qu'elle est la future Mme Swann).

Françoise : cuisinière de Tante Léonie, fameuse pour ses vertus domestiques et son caractère difficile. Elle se comporte comme la gardienne d'un code de civilité et de morale archaïques. Elle incarne pour le narrateur les vertus et les défauts des classes populaires (c'est-à-dire ici des domestiques). Au prix d'une invraisemblance chronologique, on la rencontre d'un bout à l'autre de la *Recherche*. Ses modèles sont les servantes successives des parents de Proust et de lui-même.

Les personnages extérieurs

M. Swann : rentier parisien, fils d'un agent de change, voisin de la famille à Combray. Considéré là comme un simple familier, il fréquente à Paris la société la plus aristocratique. Homme très cultivé et de goûts artistiques, il donne à l'enfant des conseils sur ses lectures. Il est juif. On lui reproche un « mauvais mariage ». Sa fille, Gilberte, est inconnue de l'enfant jusqu'à sa rencontre près du raidillon des aubépines. Son rôle d'initiateur et de précurseur sera important dans le roman.

M. Legrandin : ingénieur à Paris, il vit à Combray en fin de semaine. Il apparaît comme une sorte de poète amoureux de la nature, à la tenue et aux propos pleins de simplicité. Amical envers l'enfant, il l'invite et lui vante les charmes sauvages de la région de Balbec, où sa fille est mariée à un noble. Il intrigue la famille, passant avec elle des démonstrations d'amitié à une réserve distante. On découvre enfin, en plusieurs occasions, qu'il est snob.

M. Vinteuil : professeur de musique à Combray, homme modeste et timide, portant des jugements rigoristes sur les mœurs actuelles. Veuf, il vit avec sa fille, et se ronge de chagrin à cause d'elle. Il meurt pendant la période de « Combray ». On apprendra plus tard, ce que personne ne soupçonne alors, que c'est un grand compositeur.

Le duc et la duchesse de Guermantes : suzerains de Combray, ils habitent un lointain château. Pour l'enfant, leur existence se confond avec la légende, ils symbolisent l'enracinement dans le passé et la supériorité nobiliaire. On ne les aperçoit que très rarement. Lors d'un mariage, le héros contemple à loisir la duchesse à l'église, et passe de l'éblouissement à la déception.

Les personnages épisodiques

Le grand-père, un peu bourru, antisémite, et amateur d'un cognac nuisible à sa santé. **Eulalie**, ancienne servante venant quotidiennement raconter à Tante Léonie les potins de Combray. **Le curé de Combray**, autre visiteur de la malade, qu'il fatigue en lui expliquant les étymologies des noms de lieux de la région. **Bloch**, camarade de classe du héros, juif, impoli, mais plus avancé que lui en lectures. Le romancier **Bergotte**, recommandé par Bloch et par Swann, dont les livres font le ravissement du héros. Une mauvaise réputation entoure **Mme Swann**, qu'on évite. Sa fille **Gilberte**, du même âge que le héros, se montre une fois derrière une haie et l'enfant tombe aussitôt amoureux d'elle. **M. de Charlus**, seulement entrevu et amant supposé de Mme Swann, jouera un rôle très important dans la suite. **Mlle Vinteuil**, à l'air hommasse, se révèle être homosexuelle.

Résumés et commentaires

« COMBRAY » DANS
À LA RECHERCHE DU TEMPS PERDU

« Combray » est plutôt à situer dans l'ensemble de la *Recherche*. Ce n'est pas simplement le premier épisode d'un récit d'enfance, mais l'éveil de toute une vie d'homme aux premiers appels d'une vocation, et la mise en place d'une démonstration, encore masquée ici, qui occupe l'œuvre entière.

Au commencement, un narrateur adulte, qui parle à la première personne, se rappelle le temps où il se couchait de bonne heure (et qui appartient lui aussi à l'âge adulte). Il se souvient qu'alors, flottant longtemps entre sommeil et réveil, il occupait ses insomnies à se rappeler sa vie d'autrefois à Combray, à Balbec (lieux imaginaires), à Paris, à Doncières (autre lieu imaginaire), à Venise et ailleurs.

Cette énumération indique les grandes lignes du roman, dont il était prévu à l'origine qu'il comporterait deux parties : *Le Temps perdu* et *Le Temps retrouvé*.

En fait, ce plan s'augmente de nombreuses parties au cours des années de rédaction. *Le Temps perdu* se subdivise d'abord en deux « côtés » : le « côté de chez Swann » et le « côté de Guermantes », symboles de deux types de société (la bourgeoisie et l'aristocratie). Puis, dans de nouveaux développements, le premier se voit ajouter des rencontres de « jeunes filles en fleurs » au bord de la mer, tandis que le second s'étend largement, sous la rubrique de « Sodome et Gomorrhe », sur la découverte de l'homosexualité masculine et féminine ; c'est encore de cette rubrique que relèvent *La Prisonnière* et *Albertine disparue*, consacrés à la vie du héros avec la jeune Albertine, l'une des « jeunes filles en fleurs ». Le roman s'achève enfin, comme prévu, par *Le Temps retrouvé*, avec la reconnaissance de la vocation d'écrivain et le projet du livre à écrire.

« Combray » met en place, dans un cadre villageois, le narrateur lorsqu'il était encore enfant, sa famille, quelques autres personnages dont le rôle ultérieur sera important, et des thèmes qui seront repris plus tard. Le récit est d'une extrême souplesse : il permet de glisser sans cesse de l'enfant, héros de l'histoire racontée, au narrateur qui la raconte bien des années après en la commentant, en passant par des positions intermédiaires du narrateur, comme au début lorsqu'il raconte ses réveils, ou comme dans l'épisode de la madeleine. Le commentaire interfère en permanence avec le récit, permettant des effets d'annonce, et surtout laissant se déployer l'humour. La rêverie, l'exaltation, l'erreur ont une large place dans cet univers enfantin.

Mode d'emploi

Proust a découpé le texte de « Combray » en deux chapitres inégaux, sans sous-titres. On les appelle traditionnellement « Combray I » et « Combray II ». À l'intérieur de chacun, nous isolons pour l'analyse des unités textuelles qui forment des ensembles cohérents.

Le lexique (p. 107-110) donne la définition de quelques mots rares employés par l'écrivain, et de quelques termes critiques utilisés dans l'analyse, et signalés par un astérisque.

Les références au texte renvoient à l'édition de *Du côté de chez Swann* dans la collection GF-Flammarion.

CHAPITRE I
COMMENTAIRE DE « COMBRAY I »

La première apparition de Combray, où le héros a passé ses vacances enfantines, surgit pendant ses réveils nocturnes d'adulte, parmi les souvenirs qu'il s'efforce de ranimer. Cette évocation se limite à un cadre très étroit : la maison (réduite à la chambre à coucher et à l'escalier), le jardin, une partie de la famille, et M. Swann. Elle se compose de quelques scènes qui font surtout ressortir la puissance de l'imagination de l'enfant, sa sensibilité excessive et son amour intense et anxieux pour sa mère et sa grand-mère. Mais les efforts de mémoire du personnage ne peuvent ressusciter davantage ce passé. Bien plus tard seulement, il découvre soudainement, à travers la saveur d'une tasse de thé et d'un morceau de madeleine, la richesse de la mémoire involontaire.

Ouverture. Insomnies
(pages 95 à 101)

RÉSUMÉ

Un narrateur, qui parle à la première personne sans se nommer, rappelle l'époque où il se couchait tôt. Il évoque ses passages inconscients de la veille au sommeil, ses erreurs sur les moments où il se trouvait, sur les lieux, les personnes, la place des objets environnants ; il éprouvait alors un véritable tourbillonnement de ses sensations. Mais ce désordre faisait habituellement place à un défilé ordonné des différentes chambres qu'il avait occupées dans sa vie. Puis, le dormeur éveillé s'exerçait, une fois le « branle » donné à sa mémoire, à se remémorer sa vie passée dans les principaux lieux où il avait séjourné.

COMMENTAIRE

Un début paradoxal

Contrairement à la plupart des romans, qui apportent dès leur début des précisions sur un ou des personnages, sur le temps, le lieu et, rapidement, sur l'action, ce début nous plonge dans la plus grande incertitude : un narrateur qui ne se présente pas, une époque vaguement moderne (on y entend siffler les trains), une enfance située un peu avant le tournant du XXᵉ siècle (on s'éclaire encore avec des bougies, les *Débats roses* ne paraissent qu'à partir de 1893), mais des écarts très grands pendant le rêve par rapport à ces repères. Aucune action ne s'ébauche : le lit, le sommeil, les rêves nous en éloignent complètement. La phrase initiale, « Longtemps, je me suis couché de bonne heure », va à l'encontre de tout fait précis comme de tout héroïsme. Beaucoup de critiques se sont insurgés contre ce commencement apparemment plat, suivi d'une analyse psychologique compliquée, et peu capable, à leur avis, de susciter l'intérêt.

C'est que Proust ne songeait nullement à un roman d'aventures ou réaliste. Il avait, il est vrai, essayé d'autres débuts, mais ils tournaient aussi autour des mêmes thèmes. En voici un : « Au temps de cette matinée dont je voudrais fixer le souvenir, j'étais déjà malade, j'étais obligé de passer toute la nuit levé, et n'étais couché que le jour. Mais alors le temps n'était pas très lointain et j'espérais encore qu'il reviendrait, où j'entrais dans mon lit à dix heures du soir et, avec quelques réveils plus ou moins longs, dormais jusqu'au matin. Parfois, à peine ma lampe éteinte, je m'endormais si vite, etc. » Le but constant est de faire pressentir, en choisissant de placer le personnage face à son passé et dans une situation de confusion mentale, les énigmes du temps et celles de la personnalité.

Les énigmes du temps

Les premières pages nous invitent à un voyage complexe dans le temps : le narrateur nous transporte dans le passé incertain de ses couchers précoces ; il fait alterner : la soudaineté des changements ; de minutieuses précisions chronologiques (« une demi-heure après », « cette croyance survivait pendant quelques secondes », « ces évocations... ne duraient jamais que quelques secondes ») sur ce fond général d'incertitude ; les confusions du malade sur l'heure qu'il est, du dormeur sur « l'ordre des années » ; les bonds prodigieux de sa pensée de l'âge des cavernes à celui des lampes à pétrole ; son identification avec « la rivalité de François 1ᵉʳ et de Charles-Quint ». Toujours mis en avant, le temps n'est cependant pas représenté selon son déroulement linéaire habituel : c'est un temps éclaté et tourbillonnant. Au fur et à mesure de son réveil, le personnage tente de le maîtriser. Il ne peut d'abord classer les chambres dont il ne se souvient que selon un ordre théma-tique, selon les saisons (ce qui est déjà une ébauche d'ordre) et selon l'aspect qu'elles présentent. Ce n'est qu'après son réveil complet qu'il rétablit les divers lieux de sa vie selon leur succession chronologique (Combray, Balbec, Paris, Doncières, Venise). Le récit, à son début, se présente alors comme la conquête progressive du temps linéaire sur le chaos. Victoire non définitive, puisque la partie suivante, « Un Amour de Swann », est un retour de plus de dix ans en arrière, et que la suite du roman multiplie les anticipations, les remontées vers le passé, et les rapprochements imprévisibles de la mémoire involontaire.

Les temps de conjugaison des verbes reflètent cette situa-tion temporelle. Le **passé composé** de la première phrase, « je me suis couché », indique un passé révolu. Les nombreux **imparfaits** qui suivent désignent les actions répétées et les situations (considérées dans leur durée) à l'intérieur de ce passé : « mes yeux se fermaient », « cette croyance survivait ». Les **plus-que-parfaits** marquent l'antériorité par rapport aux imparfaits : « la pensée qu'il était temps de chercher le som-meil m'éveillait [...] je n'avais pas cessé en dormant de faire des réflexions [...] ». Le **présent** intervient avec des valeurs variables : présent de généralité quand le narrateur procède à des généralisations qui débordent son cas personnel, à pro-pos du voyageur (pp. 95-96), ou du malade (p. 96), qui entrent dans une comparaison symbolique ; présent de l'homme qui dort (p. 97), qui représente une attitude valable pour l'humanité entière. Ces **passages du passé au présent** sont caractéris-tiques du récit proustien, qui fait constamment glisser le point de vue* – notamment dans ce début qui se veut exemplaire – du héros qui se raconte au passé à la situation de l'homme en général. D'autres fois, le présent, et même le futur, sont des moyens de rapporter le passé comme si le narrateur y était encore plongé (présent de narration*) : ainsi p. 99, à propos de la visite chez Mme de Saint-Loup : « Il est au moins dix heures, on doit avoir fini de dîner ! J'aurai trop prolongé la sieste [...] ». À propos de ce dernier fragment, le lecteur qui a déjà effectué une première lecture du roman comprend qu'il s'agit d'une allusion à un passage d'*Albertine disparue* proche de la fin de l'histoire. Le retour vers le passé auquel nous assis-tons englobe donc même des épisodes très tardifs de l'âge adulte (« car bien des années ont passé depuis Combray »).

La dissociation de la personnalité

Perdu dans le temps, le dormeur qui s'éveille ne sait pas non plus qui il est : il devient lui-même le sujet du livre qu'il lit, tend à se confondre avec le voyageur ou le malade qu'il cite en exemple, rejoint l'âge révolu de ses terreurs enfantines, vit en songe une situation érotique, se déplace dans les airs dans un fauteuil magique, à la manière des personnages des *Mille et Une nuits*, rejoint l'élémentaire « sentiment de l'existence comme il peut frémir au fond d'un animal ». Ces changements d'identité sont provoqués par le rêve, lui-même influencé par les positions du corps. Le narrateur distingue la pensée, qui identifie les objets « en rapprochant les circonstances », par comparaison et raisonnement, de la mémoire du corps, immédiate, profonde, mais souvent erronée. La dissociation des parties du moi est poussée plus loin encore à la fin de la longue phrase sur les chambres (p. 101 : « où ma pensée... ») où l'on voit distingués, dans la vie psychologique du héros, trois éléments distincts : sa **pensée**, appliquée à mesurer les dimensions de la chambre ; le « **je** », constitué des sensations et émotions ; et **l'habitude**, sorte de personnage intérieur, « aménageuse habile mais bien lente », auxiliaire bénéfique, qui représente allégoriquement* l'action du temps sur la sensibilité.

Proust reviendra constamment, sur la fragmentation que subit le moi sous l'effet du sommeil, de l'inconscient (il n'a pas lu son contemporain Freud, non encore traduit, mais par la profession de son père il est très informé des travaux scientifiques français de l'époque sur les rêves et les troubles de la volonté), des passions et du temps. Il appelle ces changements pychologiques les « intermittences du cœur », expression qu'il a même songé à donner comme titre à son roman. Notons que certains de ces rêves ont déjà une valeur prémonitoire dans leur bizarrerie : les églises, et principalement celle de Combray, tiennent une place importante dans le roman ; un septuor (qui a d'abord été, dans les ébauches, un quatuor), est déterminant, dans *La Prisonnière*, pour la vocation littéraire du héros ; le prénom de Charles est celui de plusieurs personnages importants, Charles Swann, Charlie Morel, et très proche du nom de M. de Charlus. D'une façon détournée, le narrateur rêve son avenir.

Les chambres

Qu'il évoque l'heure précoce du coucher ou les réveils nocturnes et les souvenirs qui les occupent, Proust fait des

24

chambres les lieux-types de ce début. On est tenté de les mettre en rapport avec sa propre constitution maladive, et avec la vie couchée solitaire qu'il mena à partir du moment où il se mit à écrire son roman, dormant le jour et travaillant la nuit. Ce sont des lieux où, pour lui, toute la vie, repos et activité, se condense, où l'absence de déplacement fait qu'on peut y ressentir à loisir et y analyser ces états limites dont nous venons de parler, où le monde extérieur reste mis à l'écart, et ne peut faire connaître son existence que par des intermédiaires (visiteurs, mais plus encore souvenirs, rêveries, lectures). Chambre-lieu de vie, qui est, pour Proust, et qui deviendra peu à peu, pour son héros, une chambre-laboratoire.

La **très longue phrase des pages 100 et 101**, la plus longue de *Du côté de chez Swann*, mérite une attention particulière. Après la période tourbillonnante et désordonnée de surgissement des souvenirs de chambres (« Ces évocations tournoyantes et confuses... »), le narrateur classe celles-ci en quatre catégories (exprimées par quatre appositions), accouplées deux par deux : d'abord les chambres d'été et celles d'hiver, différenciées selon les saisons, formant deux catégories générales signalées par leur pluriel, le *on* sujet des verbes et le temps présent ; et, d'autre part, la chambre Louis XVI et « celle [...] en forme de pyramide », individualisées par le singulier, le *je* sujet des verbes et les temps du passé associés à l'expérience singulière du héros. Mais on peut aussi déchiffrer la disposition de ces quatre éléments d'une autre manière : les chambres où l'on souffre encadrent les chambres agréables et reçoivent un développement beaucoup plus important. Ces deux constructions, superposées, fournissent une charpente solide à ce tableau synthétique. Cependant, si l'on passe au degré suivant de subordination grammaticale, on constate que toutes les appositions, sauf une, gouvernent une série ternaire de propositions relatives introduites par *où*, généralement de plus en plus développées, qui décrivent les particularités de chaque catégorie : elles provoquent, par la répétition de leur schéma et l'amplification, un mouvement qui culmine à la fin avec l'évocation de la chambre en pyramide. Dans son architecture, cette grande phrase réussit à combiner la **régularité du bilan et de la synthèse, l'élan correspondant au foisonnement des souvenirs, et une dramatisation finale** où se livre un véritable combat entre les objets, le personnage et l'habitude. Il existe, bien sûr, de nombreuses variétés de phrases longues chez Proust. Celle-ci montre que, contrairement à une idée assez répandue, elles ne sont pas informes et languissantes, mais obéissent à un cadre d'ensemble net, charpentant un intérieur plus foisonnant.

Cette phrase tient encore par sa **cohérence thématique***. Lieux symboliques, les chambres sont évoquées à l'aide d'images* nombreuses et ordonnées (métaphores* et comparaisons). Le premier rapprochement a lieu avec le nid des oiseaux, considéré d'abord comme un objet construit à partir de fragments hétéroclites en rempart contre le monde extérieur, puis comme un abri profond contre le froid, puis comme une enveloppe chaude, souple et arrondie (un « manteau »). Ces images en évoquent de plus en plus nettement une autre, non dite, celle du **sein maternel**, que nous verrons ressurgir plus loin dans les relations de l'enfant avec sa mère et sa grand-mère. Dans les chambres d'été et la chambre Louis XVI, l'enfermement lié au nid disparaît, de même que l'opposition entre le chaud et le froid, au profit de la liberté de l'oiseau, de l'ouverture sur l'extérieur, de la tiédeur généralisée, de la libre communication, dans une atmosphère d'euphorie, ou au moins d'apaisement. Les images d'union à la nuit, de clair de lune, d'échelle enchantée, ont un caractère « littéraire » très appuyé, romantique ou symboliste. Dans la dernière chambre, le nid se change en pyramide, forme vaste, géométrique et anguleuse, dont tous les éléments visibles sont agressifs pour une sensibilité qui préfère les formes douces et arrondies, et évocatrice de mort (la pyramide est un tombeau). Ainsi se manifestent, de façon indirecte, les grandes orientations psychologiques du personnage : c'est dans le nid, dans des conditions pré-natales, ou dans un milieu ouvert mais gracieux et favorable à l'imagination qu'il fait bon vivre. L'accès à un univers plus vaste, où règne l'esprit de géométrie, est traumatisant ; seule l'habitude, c'est-à-dire le temps intérieur qui adoucit les angles, permet de rapprocher ce nouveau monde du sein maternel : en poussant à peine ces symboles, le rôle que se donne l'écrivain Proust est de s'attacher à construire, littérairement, une image de son nid originel.

Ajoutons que cette énumération de chambres a encore un **rôle d'exposition** : plusieurs d'entre elles réapparaîtront par la suite, notamment la chambre en pyramide qui est de nouveau décrite, avec plus de précisions, dans la deuxième partie d'*À l'ombre des jeunes filles en fleurs*. Aussi est-ce avec raison qu'on appelle souvent « ouverture », comme pour un opéra, ce début qui présente certains des thèmes dominants de l'œuvre.

La lanterne magique
(pages 101 à 103)

RÉSUMÉ

Le narrateur passe directement à l'évocation de Combray, pendant son enfance. On l'y distrait de la tristesse des soirs par des projections de lanterne magique. Les images projetées racontent l'histoire cruelle de Golo et de Geneviève de Brabant. Leurs formes colorées animent les objets environnants, mais leur charme n'empêche pas une impression de malaise due au changement de décor que les images font subir à la chambre.

COMMENTAIRE

L'effet magique

La lanterne magique est l'ancêtre de notre projecteur de diapositives, dont on coiffait le manchon d'une lampe à pétrole, puis plus tard une ampoule électrique, pour projeter sur un mur ou un écran des images peintes sur des plaques de verre mobiles. L'enfant voit s'animer de couleurs vives non seulement le mur, mais tout objet qu'atteignent les rayons lumineux, si bien que toute la chambre devient féerique par ses couleurs, la transparence de ses « impalpables irisations », tout en évoquant un passé lui aussi féerique : c'est une « intrusion du mystère et de la beauté ». Ce dépaysement complet nous annonce d'autres féeries à venir : celle, notamment, que produisent les vitraux de l'église de Combray frappés par le soleil et dont les projections lumineuses habillent les fidèles de couleurs vives ; c'est dans ce cadre précisément qu'apparaîtra pour la première fois la duchesse de Guermantes, elle-même descendante de Geneviève de Brabant.

Un jeu triste

Loin de réjouir l'enfant, ce jeu le fait souffrir : chaque soir, comme la plupart des dépressifs, il se sent malheureux et isolé ; sa mère et sa grand-mère vont lui manquer. La chambre à coucher devient un lieu de supplice. Au lieu d'apporter une distraction bienfaisante, les projections, qui ne sont pas quotidiennes, détruisent l'effet apaisant de l'habitude, et font de ce lieu une chambre presque inconnue. Curieusement, des opérations mentales aussi simples que « penser », « sentir », sont données comme douloureuses, en comparaison de l'attitude passive que requiert l'habitude. Les thèmes de la page précédente se prolongent donc et se confirment ici.

Cruauté et culpabilité

Il se trouve, de plus, que l'histoire vue et racontée initie l'enfant à la cruauté. D'après la légende médiévale, Geneviève de Brabant est dénoncée faussement à son mari pour adultère par l'intendant Golo, condamnée à mort et abandonnée dans une forêt. Le nom de Golo rappelle aussi celui de Golaud dans l'opéra de Maeterlinck et Debussy, *Pelléas et Mélisande* (1902), que Proust appréciait : le jaloux Golaud y est responsable de la mort de l'innocente Mélisande. L'enfant, très sensible, ne peut qu'être troublé par cette violence faite à un être inoffensif, et il ressent déjà inconsciemment l'ambiguïté de l'art, qui parfois pratique l'immoralité sous le couvert de la beauté. Bien d'autres faits de cruauté, plus ou moins atténués par l'humour, vont apparaître bientôt : les incitations du grand-père à boire de l'alcool, l'abattage des poulets par Françoise, sa dureté envers la fille de cuisine, et le comportement de Mlle Vinteuil à l'égard de son père mort. La suite de l'œuvre accentuera cette tendance. Le héros, pourtant innocent dans cette scène, en vient à un examen de conscience comme s'il se sentait coupable : est-ce par simple pouvoir de s'identifier successivement aux deux personnages de la légende, ou porte-t-il en lui un sentiment de culpabilité qui lui est propre ? Cette deuxième interprétation est plausible chez quelqu'un qui, comme lui, possède la capacité de scinder son individualité : il déteste la méchanceté, mais, par une autre part de lui-même, il peut y prendre plaisir.

Les promenades de la grand-mère
(pages 103 à 106)

RÉSUMÉ

Pendant que l'enfant va se coucher après le dîner, la grand-mère, fervente adepte de la marche au grand air, arpente le jardin quel que soit le temps. Souvent, pour la taquiner et la faire rentrer, la grand-tante l'appelle pour empêcher son mari de boire du cognac ; son regard est profondément affectueux et triste ; son intervention pour empêcher son époux de boire est toujours vaine. Alors l'enfant, scandalisé mais lâche, s'enfuit dans une « petite pièce sentant l'iris », son refuge.

L'hygiène

La grand-mère, convaincue des bienfaits de la vie hygiénique et voulant en donner l'exemple à son petit-fils, s'expose à la pluie battante avec enthousiasme, au détriment de ses vêtements. Le narrateur souligne au passage avec humour les inconvénients de ce principe d'éducation, si éloigné de sa propre humeur casanière. C'est pourtant l'un des principes que défendait le propre père de Proust, le professeur Adrien Proust, dans l'important traité d'hygiène dont il est l'auteur.

Le sourire

Une autre caractéristique du personnage est le sourire affectueux, quoique triste, qu'elle garde en toute circonstance, même quand elle est taquinée par la grand-tante. Ce sourire, on sait que Proust l'a emprunté à sa propre mère en faisant de celle-ci le modèle à la fois de la mère et de la grand-mère. Il l'évoque par des comparaisons et des métaphores insistant sur son caractère d'affection passionnée et sur les atteintes de l'âge : « il y avait [...] pour nous tous, comme un baiser de ses yeux qui ne pouvaient voir ceux qu'elle chérissait sans les caresser passionnément du regard » ; « on voyait passer [...] son beau visage aux joues brunes et sillonnées, devenues au retour de l'âge presque mauves comme les labours à l'automne. »

La petite pièce sentant l'iris

Le jeune héros trop sensible ne supporte pas les taquineries infligées à la grand-mère et court se réfugier dans les cabinets d'aisance, évoqués discrètement. Il y reviendra plus loin (p. 269), en indiquant alors bien plus nettement qu'il s'y livre à la masturbation. Nous avons là une première manifestation sexuelle de l'enfant, qu'il est curieux de voir associée à l'amour de sa grand-mère. Remarquons aussi l'association de certains parfums (ici celui de l'iris) à sa sensualité, comme ce sera encore le cas plus loin avec celui des aubépines.

M. Swann
(pages 106 à 117)

RÉSUMÉ

La consolation de l'enfant, lorsqu'il va se coucher, est le baiser que sa mère vient lui donner dans son lit, et dont il se fait toute une cérémonie intime. Mais ce rite est impossible s'y a des invités, et notamment leur voisin M. Swann. Nous assistons à l'arrivée coutumière de celui-ci dans le jardin. Nous apprenons que son père était déjà un ami de la famille, et quelle haute position, ignorée à Combray, M. Swann occupe dans la société parisienne aristocratique. Cependant, on lui tient rigueur d'avoir fait un mauvais mariage et l'on n'invite ni sa femme, ni sa fille.

COMMENTAIRE

L'attente du baiser

Le fragment commence par une page sur l'importance que revêt pour l'enfant le baiser maternel à l'heure du coucher : il est douloureux parce que trop bref, parce que non répété malgré les supplications (le narrateur invoque l'agacement du père devant ces rites), aussi nécessaire et apaisant que la communion l'est pour le croyant : « comme une hostie pour une communion de paix où mes lèvres puiseraient sa présence réelle et le pouvoir de m'endormir. » La « présence réelle » est, dans la religion catholique, celle du Christ dans l'hostie, procurant au communiant la même force que la rencontre personnelle avec lui. L'**emploi du vocabulaire religieux** reviendra constamment à propos de la relation avec la mère, soulignant ce que le lien a de pur, de puissant, de sacré. Mais pour le moment, Proust abandonne ce développement esquissé, le laissant comme une pierre d'attente, et glisse vers un portrait de Swann.

Le portrait de M. Swann

C'est le premier portrait développé que Proust nous livre. Il nous le présente en action et en société ; il s'étend sur les circonstances de l'arrivée du personnage, signalée par le « double tintement timide, ovale et doré de la clochette pour les étrangers », sur l'accueil familier et plutôt condescendant que lui réservent les grand-tantes, puis sur les regards bien différents que portent sur lui les parents et les membres de la société parisienne qu'il fréquente. Le procédé de style du déplacement s'applique largement à tout le portrait. **Déplacement métaphorique des épithètes** (ou hypallage*), qui rapporte au « tintement » de la clochette des adjectifs applicables, au sens strict, au geste de Swann ou à la clochette elle-même (« le tintement timide, ovale et doré »). **Déplacement du « point de vue » narratif** qui nous fait voir le même personnage tantôt par les yeux de ses voisins de Combray, tantôt par ceux de la haute société. Proust nous présente une nouvelle forme de la dissociation de la personnalité dans ce double portrait : pour lui, un être tire son apparence du regard d'autrui ; cette apparence varie donc en fonction des spectateurs (« notre personnalité sociale est une création de la pensée des autres »), en fonction du temps aussi, car le « fils Swann » de l'époque de Combray n'est pas le même que celui que le héros connaîtra à l'âge adulte. De plus, la perception est « en partie un acte intellectuel », qui ajoute aux sensations pures un ensemble de souvenirs et de préjugés. D'où la série développée de métaphores du remplissage (ce qu'on appelle une métaphore filée), appliquées à la perception qu'on a de Swann : « gonfler les joues », « se mêler » à la sonorité de la voix, faire de celle-ci une « enveloppe », « faire entrer » des particularités, « entasser dans ce visage désaffecté de son prestige, vacant et spacieux [...] des heures oisives », « l'enveloppe corporelle de notre ami en avait été bourrée », il devient « un être complet », après avoir été « rempli de loisir ». Ce portrait n'a rien de réaliste ; on ne peut, grâce à lui, se faire presque aucune représentation physique de l'homme. Mais il est pourtant pittoresque et même humoristique par les images rustiques qu'il propose. En même temps, il nous propose discrètement toute une conception de la vie psychologique, idéaliste*(c'est-à-dire selon laquelle le monde n'existe que par la représentation qu'on s'en fait), fragmentée et reposant sur la mémoire.

La personnalité sociale de Swann implique une conception de l'humanité comme formée de groupes clos sur eux-mêmes, enfermés dans des coutumes. La famille du héros ne semble très à l'aise que dans le cadre de ses habitudes ; la moindre sonnerie, pourtant prévisible, à la porte du jardin, la met en état d'alerte (on envoie la grand-mère « en éclaireur », pour rapporter des nouvelles « de l'ennemi »). Swann, le corps étranger, est assimilable dans la mesure où l'on a bien connu son père, où l'on connaît ses fréquentations locales, mais on ignore sa vie parisienne, inimaginable à Combray, et l'on tient son épouse à l'écart, car il a fait un mariage inconvenant. Apprécié pour ses recettes de cuisine, il devient suspect et cible de plaisanteries dès qu'il est question d'art, ou même de son habitation à Paris, points qui échappent aux compétences de la famille. L'image des castes hindoues s'applique bien, comme le dit le narrateur, à la bourgeoisie de cette époque (p. 109).

Un des rares détails physiques de ce portrait est à souligner, parce qu'il est répété, symbolique et prémonitoire : le nez « busqué » (pp. 108 et 113) auquel s'arrêtent les « élégances » de son visage. Nous apprendrons plus tard que Swann est juif, et que le grand-père du héros est antisémite. Il faut donc, dans la perspective des castes de Combray, qu'il soit affecté d'une marque particulière. Celle du nez busqué est empruntée à une tradition satirique largement répandue, surtout depuis l'affaire Dreyfus. C'est une autre marque d'appartenance encore, plus discrète, que celle de raconter toujours des anecdotes dans lesquelles il se donne un rôle ridicule, à la joie de la grand-tante : Proust exploite ici les ressources de l'humour juif.

Pour le personnage de Swann, Proust s'est servi de différents traits d'un modèle vivant, Charles Haas (1832-1902), juif issu des milieux de la finance, grand mondain aux brillantes relations.

Le dîner avec M. Swann
(pages 117 à 122)

RÉSUMÉ

Les invitations à dîner de Swann privent l'enfant du baiser maternel. Arrivée de l'invité. La mère lui parle de sa fille et de sa femme. Conversations générales, au cours desquelles Swann, interrogé par le grand-père sur des questions politiques et littéraires, est constamment interrompu par les grand-tantes.

COMMENTAIRE

L'attente du baiser en contrepoint

À deux reprises, le texte revient sur la préoccupation douloureuse du héros toutes les fois qu'une visite vespérale l'oblige à aller se coucher sans être accompagné par sa mère. C'est un fait de composition typiquement proustien que d'annoncer de loin un développement important par des « préparations » répétées, mêlées à d'autres thèmes narratifs. Nous arriverons ainsi en plusieurs étapes à la scène du coucher, déjà informés sur l'angoisse habituelle de l'enfant. Les images du premier fragment (pp. 117-118) font de la fragilité de l'impression reçue dans le baiser un parfum volatil, du manque de temps pour en jouir un vol, de sa préservation par le souvenir une manie. Dans le second (p. 119), la métaphore de l'« esprit rendu convexe » rend concrète et comme matériellement perceptible la tension vers la mère.

Le portrait satirique des tantes

La petite scène qui suit est présentée au passé simple, comme un événement unique (les spécialistes parlent dans ce cas de scène **singulative***, c'est-à-dire n'ayant lieu qu'une fois et racontée une seule fois), bien qu'elle ait un caractère d'incident courant. C'est un moyen de la mettre en relief, comme cela sera le cas dans la scène prochaine du coucher. L'humour tient à l'éclatement de la conversation en parties qui se gênent les unes les autres : le grand-père tente vainement de faire parler Swann sur des sujets « intellectuels » ; les grand-tantes ne réussissent pas à transmettre à celui-ci leur message de reconnaissance ni à intéresser la compagnie aux coopératives scandinaves ; la mère a, auparavant, échoué à parler à Swann de sa famille. C'est, avec la distribution des rôles et les répliques au discours direct, une petite scène de comédie. Proust y ajoute des traits de satire assumés par le narrateur, comme la comparaison absurde : « cette question résonna comme un silence profond mais intempestif et qu'il était poli de rompre », montrant que pour les tantes la parole d'autrui n'existe pas quand elle échappe à leur compréhension, ou par le grand-père qui cite spirituellement Corneille (*La Mort de Pompée*), page 122. Le fait de parler du duc de Saint-Simon, auteur que Proust admire et dont il fera plus tard un des modèles littéraires de son héros, est un élément valorisant dans le portrait de Swann.

Nous observons encore son extrême politesse à l'égard des tantes : il va jusqu'à renchérir sur leur opinion quand elles lui coupent la parole.

LE BAISER DU SOIR
(pages 122 à 140)

RÉSUMÉ

On envoie l'enfant au lit avant le dîner, lui faisant revivre les affres du coucher. Il obtient de Françoise, la cuisinière de sa tante, qu'elle porte une lettre à sa mère. Elle revient sans réponse. Le narrateur compare son angoisse d'alors à celle que Swann avait connue bien avant, quand il était amoureux. Alternances de calme et d'agitation. Commentaires sur la gravité de sa faute. Il entend les dernières conversations de la soirée, puis voit sa mère s'avancer dans l'escalier. Il vient à sa rencontre et provoque sa colère. Mais le père, survenant, prend pitié de son fils et demande à sa femme de coucher auprès de lui. Ce souvenir restera gravé pour la vie dans sa sensibilité, et il voit là une première abdication de ses parents devant son nervosisme. La mère décide de lui faire une lecture, celle d'un livre offert par la grand-mère. Les cadeaux de l'aïeule, choisis uniquement pour leur qualité artistique, inquiètent parfois les parents. Le livre lu ce soir-là est *François le Champi* de George Sand, et la mère est une lectrice admirable.

COMMENTAIRE

Le découpage du récit

Dans ce passage, Proust revient à un récit « singulatif », d'où l'emploi du passé simple comme temps de base. Ce changement en fait un événement exemplaire, dont l'enfant se souviendra toute sa vie. Le déroulement de cet épisode est typiquement proustien : **l'incident n'est pas raconté de façon suivie, mais entrecoupé de digressions variées** : commentaires généralisants : « Quand nous dormons [...] c'est un grand soulagement de nous réveiller, etc. » (p. 123, où le présent nous renvoie à la plus grande généralité) ; « [Françoise] possédait [...] un code impérieux, etc. » (p. 124 ; trait de caractère habituel du personnage) ; « Je savais que le cas dans lequel je me mettais, etc. » (p. 129 ; débat sur un point de « droit » familial) ; « Mon père me refusait constamment des permissions, etc. » (p. 132 ; comportement habituel du père) ; « Mais je connaissais la sagesse pratique [de ma mère] etc. » (p.135); « Si ma mère était une lectrice infidèle c'était aussi [...] une lectrice admirable, etc. » (p. 139); à d'autres endroits, bifurcation vers d'autres époques : « Swann l'avait bien connue cette joie trompeuse, etc. » (p. 126; ici Proust nous prépare à la lecture de la deuxième partie, « Un Amour de Swann »); pauses descriptives : « Dehors, les choses semblaient arrêtées, elles aussi, etc. » (p. 128); scène de conversation (pp. 130-131); exposé des idées éducatives de la grand-mère (pp. 136-138). Cette lenteur zigzagante du récit n'est pas de l'incohérence, mais au contraire l'expression d'une pensée qui se développe simultanément sur plusieurs plans, voit les choses à plusieurs niveaux et établit des relations de sens entre eux : la pensée proustienne multiplie les réseaux.

Les codes familiaux et l'angoisse de l'enfant

À l'affection de la mère et du fils s'opposent des « codes », c'est-à-dire des **convenances sociales**. Celui de Françoise, présenté avec ironie, est antique et inexpliqué : il fait de l'hôte (c'est ici M. Swann, l'invité), comme dans les civilisations antiques, un être protégé des dieux, et auquel on doit se consacrer entièrement. La cuisinière le pousse jusqu'à l'absurdité. Celui de la mère, pour être moins caricatural, n'est pas moins rigide : elle ne répond pas à la lettre, elle refuse d'abord le baiser, traite son fils de fou. L'éducation familiale est particulièrement stricte pour éviter à l'enfant de céder « à une impulsion nerveuse » (p. 129); il doit suivre une vie réglée, se coucher tôt, respecter les obligations des adultes. Seul le père, tout-puissant et débonnaire à la fois, ignore le « droit des gens », autrement dit agit arbitrairement : mais cela paraît encore plus inquiétant, car l'arbitraire rompt les habitudes. Son invitation à sa femme de coucher dans la chambre de l'enfant ne guérit pas celui-ci de son angoisse : il ressent cette situation comme une « abdication » de ses parents, une rupture des lois qui assuraient la stabilité de la vie familiale. Il nous apparaît déjà comme pris entre deux besoins contradictoires : l'immobilisme (déjà perçu sous la forme de l'habitude) et les impulsions affectives.

L'esthétique de la grand-mère

Cette dernière a une attitude à part dans la famille. Les grand-tantes le lui ont déjà reproché. À l'égard de son petit-fils, elle représente le côté culturel de l'éducation. Elle écarte de lui tout ce qui a un caractère utilitaire ou futile et recherche l'intervention de l'art. **Elle représente la « culture » contre la « nature »**, qui plairait davantage au père, amateur de météorologie. Pour elle, l'art consiste surtout à placer des intermédiaires, de la distance, entre l'esprit et les objets (ce qu'elle appelle l'« épaisseur ») : elle a le goût de ce qui est ancien, des représentations de monuments ou de paysages non par la photographie, mais par la peinture. C'est son code à elle, de nature esthétique. Son grand principe est la valorisation de l'**indirect**. Il correspond à la profonde tendance de Proust lui-même à n'exprimer le monde qu'à travers des réseaux d'allusions, de souvenirs, de métaphores, indirectement. La lecture finale de *François le Champi* réconcilie l'impulsion affective, la mère ayant renoncé pour le moment au code social, et l'impulsion artistique, puisque la grand-mère est la donatrice du livre. Aussi est-ce l'un des rares grands moments de bonheur du héros.

La madeleine
(pages 140 à 145)

RÉSUMÉ

L'on revient aux réveils nocturnes du début du roman, au cours desquels se ranime un seul souvenir de Combray, la scène du coucher. Mais un hasard, survenu beaucoup plus tard, à l'âge adulte, fait surgir tout le reste de ce passé. Sa mère offre au héros une tasse de thé et des madeleines. Instantanément, il éprouve en les consommant un plaisir intense, mais s'efforce en vain d'en découvrir la cause. Ce n'est que lorsqu'il a abandonné sa recherche que celle-ci apparaît soudain : c'est le souvenir d'un morceau de madeleine trempé dans une infusion que, jadis, sa tante Léonie lui donnait habituellement le dimanche à Combray. Tous les autres souvenirs de la petite ville surgissent alors en chaîne. Ainsi s'achève le premier chapitre.

COMMENTAIRE

Le théâtre de Combray

Ce qui revient habituellement à la mémoire du héros au cours de ses réveil nocturnes, c'est tout ce qui tourne autour de ses couchers, c'est-à-dire un très petit nombre de personnes, évoluant dans un espace très restreint, allant du jardin à sa chambre : scène unique d'un assez pauvre théâtre, éclairée par un « feu de Bengale » ou un « projecteur électrique », « décor strictement nécessaire [...] au drame de [son] déshabillage », pour des « représentations en province ». La série de métaphores et de comparaisons qui évoque ces apparitions insiste sur leur caractère restreint, étriqué, monotone, mais oriente notre lecture vers le rapprochement avec une action théâtrale : les évocations de la mémoire sont des **fictions** (aussi ne devons-nous pas y chercher une vérité biographique), elles simplifient et schématisent la réalité, qu'elles accentuent par la dramatisation (le « drame » du déshabillage), elles sont **mises en scène** dans des décors signifiants, elles sont fidèles à la **règle des trois unités** (lieu, temps, action), comportent des dialogues vivants, et sont répétitives comme des pièces jouées quotidiennement. Particulièrement frappante dans le premier chapitre, cette théâtralisation continuera non seulement dans le deuxième, avec un certain nombre de « scènes » et de « tableaux », mais encore dans l'ensemble d'*À la recherche du temps perdu* : les personnages y tiennent souvent des *rôles* ; leur **voix** et leur **manière de réciter** sont importantes ; leurs **gestes**, leurs **mimiques** et leurs évolutions dans un **cadre**, parfois leurs **costumes**, leur **place** respective, leurs **entrées** et leurs **sorties** sont réglés par le narrateur comme par un metteur en scène. Différents épisodes fondamentaux relèvent d'une présentation **spectaculaire** : scènes de restaurant, de salon, de dîners mondains, d'opéra, de concert, de deuil, de condoléances ; c'est même sur une scène de ce type (une vaste réception mondaine chez la princesse de Guermantes) que se clôt le roman.

Le souvenir involontaire

La célèbre scène de la madeleine, qui est un petit drame intérieur, illustre une conception philosophique selon laquelle nous possédons **deux mémoires, l'une volontaire, l'autre spontanée.** La première est une mémoire de **l'intelligence pure**, qui cherche à classer les faits avec exactitude selon leur ordre chronologique, mais qui est incapable de rien ramener de notre passé véritable, lequel lui échappe parce qu'il est fondamentalement d'ordre affectif. Elle est n'est pas proche, comme on l'a dit parfois, de la mémoire mécanique décrite par Bergson (*Matière et Mémoire*, 1896), dont Proust était le cousin et dont il connaissait l'œuvre : cette mémoire est celle de l'apprentissage par cœur. Le souvenir de la scène du coucher ne relève pas vraiment de la mémoire volontaire, puisque son cadre surgit spontanément chaque fois que le héros pense à Combray. C'est un souvenir obsessionnel, toujours là, proprement inoubliable. Mais il est impossible de reconstruire Combray autour de lui par un effort méthodique. L'autre mémoire, involontaire, **met en jeu les sens et la sensibilité**. Elle éclôt par hasard (« Il y a beaucoup de hasard en tout ceci [...] »), et au contact de certains objets, comme si le souvenir y était enfermé par enchantement, et n'en pouvait sortir que par l'effet d'un talisman. Elle vient des grandes profondeurs, **celles de l'inconscient**. Son surgissement est précédé et accompagné d'un plaisir immense, semblable à l'exaltation amoureuse, supérieur à la crainte de la mort (« J'avais cessé de me sentir médiocre, contingent, mortel »). Ce n'est pas pendant les recherches répétées qu'il se produit, mais après, comme un événement subi et non provoqué, et « tout d'un coup ». Ce n'est pas un souvenir visuel, il relève d'un sens plus « profond » et vague, le goût : **goût d'une petite madeleine** consommée jadis dans la chambre de tante Léonie, le dimanche, avant la messe. On peut parler là d'explosion du souvenir involontaire, car il fait jaillir soudain « tout Combray » d'un bloc : aussi s'attend-on à voir s'agrandir l'étroite « scène » du début. L'objet-prétexte de ce souvenir, le biscuit, n'est pas précieux par lui-même, la fixation sur lui est arbitraire, d'un arbitraire de l'inconscient et non de la volonté. Il reste encore quelque chose à expliquer à propos de ce surgissement, c'est l'origine du plaisir ressenti au contact de la gorgée de thé (p. 142). Il est le **signe** que l'extraordinaire va se produire, le premier d'une longue série de signes mystérieux rencontrés fortuitement par le héros au cours de sa vie, et dont le déchiffrement ne va cesser de l'occuper. Tous sont accompagnés d'une impression de bonheur intense. Ce n'est qu'à la fin du roman, dans *Le Temps retrouvé*, que Proust nous en donne l'explication qui réside en ceci : en superposant dans notre conscience un moment passé et un moment présent, en supprimant tout le délai intermédiaire, le souvenir involontaire nous fait échapper au déroulement du temps, il nous fait vivre un **moment hors du temps**, un instant d'éternité, percevoir une « essence ». Nous sommes alors plus forts que l'oubli, plus forts que la mort, au-dessus de toutes les contingences, au niveau le plus pur, et en même temps en communication avec notre inconscient : ce profond accord avec nous-mêmes produit le plaisir intense que nous voyons se déclencher, à ces moments-là, chez le héros.

Une scène-pivot

À partir de cette expérience, tout change dans le récit. Il prend une autre allure. Au lieu de piétiner autour de réveils nocturnes, de se bloquer sur la même scène du coucher, il profite de l'impulsion de la découverte, de l'enthousiasme de la trouvaille, il va s'étendre maintenant à tout le passé. Le souvenir involontaire a engendré le mouvement, et le narrateur aborde alors le déroulement de sa vie, que la suite de la *Recherche* raconte désormais, à l'exception d'« Un Amour de Swann ». L'incident de la madeleine se situe aussi à un moment intermédiaire entre la jeunesse à Combray et le moment où le narrateur écrit l'histoire de sa propre vie. Il est adulte, mais il a encore sa mère, situation elle aussi intermédiaire dans une vie, et qui permet d'être encore affectivement très proche de son enfance. Nous avons déjà perçu quelle était la force du lien maternel chez le jeune garçon. Il est significatif que la madeleine lui ait été offerte par sa mère, dont le baiser nous a été décrit auparavant comme nourricier et sacré (une « hostie », p. 107). Nous pouvons donc pressentir tout un symbolisme dans sa participation à l'événement : la madeleine est l'objet-prétexte matériel, mais c'est dans la mère qu'est l'origine véritable de la résurrection du passé.

CHAPITRE II
COMMENTAIRE DE « COMBRAY II »

Grâce à l'explosion de la mémoire involontaire, nous passons maintenant à une vue d'ensemble des souvenirs touchant Combray. Cette vue est cependant sélective et ordonnée : le narrateur fait d'abord une présentation générale, puis il évoque la vie dans le cercle familial, élargi à de nouveaux personnages et à quelques voisins. Il raconte ensuite les promenades à l'extérieur de Combray, tantôt du côté de Méséglise, tantôt du côté de Guermantes. Plus que comme un élément de variété dans le paysage, cette double orientation est présentée comme une division intellectuelle du monde et de la représentation que s'en fait l'enfant : les choses, les êtres humains et les sentiments qu'ils suscitent sont répartis selon ces deux axes. En filigrane court un motif de la lecture et de l'écriture, signe annonciateur de sa future vocation. En faisant retour sur ce passé lointain, le narrateur oscille entre l'humour et l'évocation de l'extrême sensibilité de l'enfant qu'il était.

L'arrivée à Combray
(pages 145 à 146)

RÉSUMÉ

Ces deux pages donnent un premier aperçu de Combray vu du train, à l'arrivée au moment des vacances de Pâques : panorama, aspect des maisons et des rues ; puis, brusquement, le narrateur attribue une valeur métaphysique à ces lieux transformés par la mémoire.

COMMENTAIRE

Un paysage-symbole

Proust nous donne ici un bel exemple d'amplification*. L'unique paragraphe comporte deux phrases, successivement de 10 et 26 lignes. La première nous donne une vue de l'extérieur, la deuxième nous fait pénétrer dans la ville. Elle se subdivise elle-même en deux parties inégales (de 12 et 14 lignes) dont la première évoque l'aspect ancien des rues, et la suivante leur place actuelle dans la mémoire du narrateur. **L'amplification se fait du général au particulier, du passé au présent, du concret au symbolique**.

Les symboles, d'ailleurs, apparaissent dès le début, en prenant la forme d'une synecdoque* (figure représentant un tout par l'une de ses parties) qui fait de l'église le représentant de tout Combray, puis dans une série de métaphores et de comparaisons qui transforment le clocher en bergère et les maisons en troupeau : le village donne ainsi une impression de rusticité, et d'unité étroitement rassemblée autour d'un centre dominant et protecteur. La phrase se poursuit par la comparaison avec une petite ville peinte dans un tableau de primitif, image évoquant la protection des murailles, un monde clos, refermé sur lui-même, et archaïque. Dans sa description, Proust se souvient de la bourgade d'Illiers, dans l'Eure-et-Loir, où il passait ses vacances en famille : ce lieu a d'ailleurs été récemment rebaptisé, en son honneur, Illiers-Combray. De la vallée du Loir, par où arrive le chemin de fer, on est en contrebas du centre du bourg et l'on pouvait avoir, à la fin du siècle dernier, cette vue assez typique d'un village resserré sur une hauteur. On voit encore aujourd'hui quelques-uns de ces « restes de remparts ». Mais ce qui intéresse l'écrivain, dans le roman, est moins la reconstitution exacte, comme le montre tout le passage, qu'**une représentation idéalisée**.

La vue rapprochée de Combray tend surtout à installer une atmosphère psychologique : « Combray était un peu triste » en raison de la pierre sombre de ses murs, des rues étroites et de l'ombre, détails concrets, mais aussi en raison de la gravité émanant des noms des rues, tous empruntés à des saints. L'empreinte religieuse donnée de loin à la ville par son clocher se confirme dans ces noms. Le narrateur énumère trois de ces rues, celles qui, précisément, entourent la maison et le jardin de sa tante : il nous désigne ainsi un autre centre de Combray, la maison familiale, que nous connaissons déjà. Le chapitre « Combray II », au lieu de rester limité au « théâtre du coucher », va s'élargir aux va-et-vient du héros et de sa famille entre la maison et l'église.

Jusqu'ici, le ton descriptif était plutôt objectif, dominé par l'emploi de la troisième personne. Mais « la maison de ma tante » donne le signal d'un recentrage sur la première personne, définitivement accompli à partir de « ma mémoire ». C'est désormais le Combray du souvenir qui est évoqué : un Combray qui conserve des traces très concrètes de l'ancien (l'église, des noms de rues et d'auberge, une odeur de cuisine « intermittente et chaude »), mais qui en diffère pourtant fondamentalement : les rues sombres sont devenues colorées et « irréelles », elles évoquent les illusions projetées par la lanterne magique, et elles sont devenues un chemin pour l'Au-delà, un au-delà qui n'est pas celui que désignent l'église et les graves noms de saints des rues, mais un surnaturel plus proche de l'histoire de Golo, c'est-à-dire à la fois enfantin et « artistique ».

Ces pages forment une nouvelle « ouverture », particulière à « Combray II ». Elles nous l'annoncent, indirectement, comme la peinture d'un monde matériellement encore limité, évoluant autour des deux centres que sont la maison et l'église, mais largement ouvert, dans le souvenir et l'imagination du narrateur, vers un Au-delà laïque et esthétique situé dans son esprit. Cependant les sensations physiques, exactement comme dans l'incident de la madeleine, y sont encore très vivantes. L'Au-delà proustien suppose une traversée du réel empirique, mais il garde des traces très vives de sa matérialité.

Les matinées du dimanche
(pages 146 à 172)

RÉSUMÉ

Sans transition, nous sommes transportés dans la maison de tante Léonie, et plus particulièrement dans ses chambres, où règnent les plus riches odeurs. Nous assistons à la préparation et à la consommation de l'infusion de tilleul accompagnée d'un morceau de madeleine. L'arrivée de Françoise, la cuisinière, donne lieu à un premier portrait de ce personnage. Tante Léonie l'interroge longuement sur les passants de la rue, qu'elle peut observer de son lit placé près de la fenêtre. Pendant ce temps, l'enfant accompagne ses parents à la messe, ce qui donne lieu à une longue description de l'église, intérieur et extérieur. À la sortie, la famille rencontre souvent M. Legrandin, ingénieur cultivé et d'agréable conversation. L'après-midi, tante Léonie reçoit la visite d'Eulalie, pieuse retraitée qui vient l'entretenir des nouvelles de la ville, tandis qu'après le copieux déjeuner dominical on envoie l'enfant prendre l'air dans le jardin.

COMMENTAIRE

Proust ne s'attache pas à la vie entière de Combray, mais seulement aux moments marquants, ceux du loisir : les vacances, les habitudes du dimanche ; de même, il ne s'intéresse, en dehors de l'univers familial, qu'à quelques notables : M. Swann, M. Legrandin l'ingénieur, M. Vinteuil le professeur de musique, le curé, le docteur Percepied. Il ne cherche pas à décrire les activités professionnelles, pas même celles de ses parents, sauf, à l'occasion, celles des domestiques de sa tante. Sa visée n'est absolument pas celle d'un écrivain naturaliste. Seul les faits ou les habitudes qui ont laissé des traces vivantes dans la mémoire du narrateur méritent d'être rapportés.

Les chambres de tante Léonie

Elles constituent le centre principal de la vie familiale : du moins son centre diurne, le soir ramenant au premier plan la chambre à coucher de l'enfant. C'est un lieu clos, que la tante ne quitte plus, mais ouvert sur l'extérieur parce qu'y défilent la famille, Françoise et les personnes habilitées à venir apporter des nouvelles, et que c'est un poste d'observation sur la rue et la ville. Le narrateur, au lieu de négliger cette existence inutile d'une malade recluse et maniaque, lui confère au contraire une véritable richesse. **La page sur les odeurs** (pp. 147-148) est un morceau de bravoure célèbre qui intègre aux senteurs de ces pièces, en les personnifiant par un ensemble de métaphores, toutes les caractéristiques de la province rurale : la campagne et ses produits, les saisons, les qualités domestiques (« oisives et ponctuelles [...], flâneuses et rangées, insoucieuses et prévoyantes, lingères, matinales, dévotes »), tout en faisant sentir que ce calme apparent n'est pas exempt d'angoisse (« heureuses d'une paix qui n'apporte qu'un surcroît d'anxiété ») et que cette vie n'est poétique que pour ceux qui ne la partagent pas vraiment (« d'un prosaïsme qui sert de grand réservoir de poésie à celui qui la traverse sans y avoir vécu »). Les chambres, avec leur mobilier désuet, l'accumulation des objets de piété et des médicaments, ne prennent de valeur que transformées par un **regard poétique**, celui du narrateur. La tante elle-même est une douce maniaque, malade imaginaire qui se joue à elle-même la comédie (« à défaut de confident à qui les communiquer, elle se les annonçait à elle-même, en un perpétuel monologue qui était sa seule forme d'activité », p. 148), et impose à son entourage ses travestissements de vocabulaire (« entrer » chez elle, « réfléchir », « reposer »). La description des chambres s'accompagne d'un petit scénario dont l'enfant est l'acteur, d'abord solitaire : « avant que j'entrasse souhaiter le bonjour [...] on me faisait attendre un instant, dans la première pièce [...] Dans la chambre voisine, j'entendais ma tante qui causait toute seule [...] Au bout d'un moment, j'entrais l'embrasser [...] » ; puis il devient participant en aidant sa tante à la confection de la tisane : nous assistons alors à la scène rappelée par la mémoire involontaire dans l'épisode de la madeleine. Ici, l'accent est surtout mis (pp. 149-150) sur les **vertus poétiques** des feuilles et des fleurs de tilleul qui se transforment en « une aile transparente de mouche », en « l'envers blanc d'une étiquette », en « un pétale de rose », en « petites roses d'or », amorçant un parallèle entre le blanc et la couleur qui sera repris plus tard à propos des aubépines (pp. 248-249). **La poétisation côtoie la satire**, dans l'évocation comique du bric-à-brac médical et religieux, ou de la chronique de Combray, semblable à celle des anciennes villes orientales telle que l'observaient les « princes persans » des *Mille et Une nuits* (la présence de ce recueil de contes orientaux fait partie de l'arrière-plan permanent d'*À la recherche du temps perdu* ; nous avons perçu l'image du fauteuil volant p. 97 ; dans *Le Temps retrouvé*, le narrateur comparera son futur livre aux *Mille et Une nuits*, comme récit très long imaginé pendant les nuits par la sultane Schéhérazade, pour éviter la mort). Les « vertèbres » apparaissant « comme les pointes d'une couronne d'épines ou comme les grains d'un rosaire » sur le « front » de la tante (p.150) continuent cet amalgame. Proust s'y est lui-même un peu perdu en confondant le front qu'embrasse l'enfant et le sommet du crâne chauve et sans doute bosselé où il croit voir la trace des petits os.

Le portrait de Françoise

Françoise arrive à l'appel de la tante. Par un retour en arrière, nous faisons sa connaissance à l'occasion d'une scène d'étrennes à Paris, où habitait la tante avant Combray. Son apparition a quelque chose de religieux, « comme une statue de sainte dans sa niche », dans des « ténèbres de chapelle », d'elle émane « l'amour désintéressé de l'humanité » ; plus loin elle manifeste pour les liens familiaux autant de respect qu'un auteur tragique grec (*cf.* l'*Antigone* de Sophocle, dont l'héroïne se fait un devoir, au péril de sa vie, d'aller enterrer son frère assassiné) ; cette rigueur morale nous rappelle son code implacable qui l'empêche de porter une lettre de l'enfant à sa mère lors du dîner avec Swann. Mais Proust y ajoute une certaine servilité et le plaisir du gain, qui conditionne son « respect attendri pour les hautes classes ». Une large part de l'humour, dans « Combray », tient à ces **rapprochements**, comme nous venons de le voir pour tante Léonie, **entre le sérieux et le dérisoire**, entre **les aspirations élevées** et **les préoccupations mesquines**. Il vaut mieux parler d'humour que d'ironie dans ces cas, parce que le narrateur n'utilise pas la moquerie comme une arme ; il conserve sa sympathie aux personnages, et il ne s'exclut pas lui-même du ridicule, par exemple lorsqu'il participe très sérieusement au rite de la tisane de la tante ou, avec une timide gaucherie, à celui des étrennes.

Françoise est une personne de grand mérite professionnel, travailleuse, dévouée, sensible, digne, discrète. Contrairement à Félicité dans *Un Cœur simple* de Flaubert, elle est respectée par ses maîtres. Ce qui n'empêche nullement la condescendance de ceux-ci, qui se bornent à demander les nouvelles d'usage de sa famille, ou à d'innocentes plaisanteries sur son aversion pour son gendre. En revanche on fait appel à elle à tout instant, de « cinq heures du matin » au coucher des parents, le dimanche comme en semaine. **Proust est un observateur aigu de la vie sociale**, de celle du moins qu'il a connue, y compris dans ses aspects conflictuels, mais il n'est en rien – il s'en défend d'ailleurs – un « écrivain social », au sens de défenseur d'une conception plus humaine de la société.

L'enquête sur les passants de Combray (pp. 153-157)

Ces pages se présentent comme une scène à deux personnages, bien qu'elle soit prise à des moments différents de la matinée et qu'elle ne corresponde pas non plus à une série unique d'incidents, mais à un type habituel de conversations (« il était bien rare qu'il ne fallut pas donner déjà son avis ou fournir des explications... »). Proust fait parler directement les deux femmes, en alternant leurs répliques, comme au théâtre. La scène est pleine d'**humour**, car elle imite, en les exagérant, les papotages villageois : les événements les plus minimes sont rapportés, commentés, dotés d'une importance extrême ; les gens sont répertoriés et classés dès leur apparition, sous peine de scandale ; le langage a la vivacité de celui des personnages de comédie, plein d'interjections, d'apostrophes, d'interpellations variées (« Imaginez-vous [...] », « vous seriez venue cinq minutes plus tôt, vous auriez vu [...] », « tâchez donc de savoir par sa bonne [...] », « mais pour qui donc a-t-on sonné la cloche des morts ? », « croyez-vous pas que [...] », « Oh ! je vous crois bien [...] », etc.), de comparaisons concrétisantes (sur les asperges grosses comme le bras, sur le chien comme une personne). S'y ajoutent toutes sortes de provincialismes : la négation « point » au lieu de « pas », « tâchez donc », « la Maguelonne », « ils ont tourné par la rue de l'Oiseau », « croyez-vous pas » sans « ne », « deux sous de sel », « la fille à M. Pupin », « la gamine », « tout son monde » ; le futur pour exprimer la probabilité : « ce sera le chien de Mme Sazerat ». Comme au théâtre, Françoise annonce ses entrées et sorties, mais celles-ci ont toujours lieu pour les nécessités de son service.

L'humour tient aussi aux commentaires du narrateur, qui amplifient démesurément les faits qui captivent l'attention de la tante (« quelque événement d'importance », « ces événements revêtaient un caractère si mystérieux et si grave », « quatre coups de sonnette formidables », « aussi peu croyable qu'un dieu de la mythologie »).

Car la cible du comique n'est pas seulement la pauvre Léonie percluse par une maladie qui se tient essentiellement dans sa tête, c'est aussi tout le petit monde des habitants permanents de Combray : tous s'y connaissent de père en fils et jusqu'aux animaux, chacun a ses occupations habituelles, ses itinéraires. **Il n'y a pas de place pour l'imprévu, ce monde est clos sur lui-même et sur ses habitudes.** Le temps ne peut qu'y être « perdu », parce que dépourvu de toute variété. Toute la suite de « Combray » repose sur l'évocation de cette vie répétitive, rituelle même dans la famille du héros, et sur les incidents qui viennent rompre cette monotonie.

L'église (pp. 157-167)

Par une brusque transition, le narrateur nous transporte à l'église, où il se trouve avec ses parents pendant la dernière conversation entre Léonie et Françoise. Notons, ce qui arrivera bien d'autres fois, qu'il vient de raconter une scène à laquelle il n'a pas assisté, et qu'il adopte ainsi un point de vue de narrateur omniscient*, après avoir pris plus tôt celui d'acteur. Ce long passage interrompt le récit par une pause de description. En mettant une majuscule au nom de l'église, Proust souligne son caractère symbolique. Très ancienne, elle porte les marques de son âge et la trace de ses innombrables fidèles de toutes les classes sociales : les paysannes pieuses, les anciens abbés de Combray aux tombes usées (adoucies « comme du miel », formant « comme un pavage spirituel »), les rois représentés sur les vitraux (dont les jeux de lumière rappellent ceux de la lanterne magique), les personnages bibliques des tapisseries, ceux, plus ou moins légendaires, dont le souvenir se rattache aux objets précieux déposés dans le sanctuaire, sans oublier le peuple moderne qu'incarne, non sans humour, la petite bourgeoise, Mme Sazerat, munie de son paquet de petits fours. Cette riche histoire distingue l'édifice de tout le reste de la ville : il est sa mémoire, **le signe visible du Temps** (là encore avec une majuscule), perceptible dans l'architecture remontant à plusieurs époques, dans l'ancienneté des objets d'art exposés (si nombreux que Proust fait de la vieille mais modeste église d'Illiers une véritable église-musée), dans le merveilleux qui baigne les personnages représentés. Cependant, aucun sentiment religieux chrétien véritable n'émane de la description : la figure centrale du Christ n'est pas mentionnée, ni la prière collective ou individuelle, mis à part le rapide agenouillement de la dame aux petits fours. Bien que son héros participe aux rites de la religion catholique, nous aurons à maintes reprises l'occasion de constater que Proust n'est pas un écrivain chrétien (comme on peut le dire de Claudel, de François Mauriac, de Georges Bernanos). La religion à laquelle il appartient officiellement lui fournit surtout des cadres extérieurs, des cérémonies, des monuments, des noms de saints, de nombreuses possibilités d'allusions mythologiques et de métaphores, et un personnage de curé surtout féru d'histoire locale.

Après cette **visite historico-esthétique**, nous passons à l'extérieur de l'édifice. Par un contraste appuyé avec ce qui précède, l'abside, partie la plus ancienne et la plus fruste, ne montre du dehors qu'une « grossière muraille », les fenêtres sont trop élevées, l'aspect est celui d'un « mur de prison ». En revanche, la façade noircie profite du voisinage de maisons fleuries et s'intègre familièrement au reste du village.

Si l'intérieur nous conviait à une plongée dans le temps, le clocher se déploie dans **l'espace**. Il est visible de tous les points de la ville. Chaque fois, il incite le narrateur à des rapprochements avec des objets différents et qui lui confèrent une « marque d'art ». Ces rapprochements ne sont pas laissés au hasard, mais déterminés par les circonstances du regard. Le clocher devient ainsi tour à tour rayure d'ongle sur un tableau, « ruine de pourpre presque de la couleur de la vigne vierge » à la saison des vendanges, brioche dorée à la sortie de la messe, « coussin de velours brun » à la fin du jour, « bolide surpris à un moment inconnu de sa révolution » quand on le découvre d'un coin de rue inhabituel, flèche lancée vers le ciel vu des bords de la rivière et, pour résumer l'ensemble, « doigt de Dieu dont le corps eût été caché dans la foule des humains ». Plus encore que le reste de l'église, le clocher a pour rôle de susciter la rêverie du héros, de l'amener à transformer par l'imagination la réalité quotidienne, à voir de nouveaux objets derrière le monde de l'expérience première. Du point de vue du style de l'écrivain, il est représenté par de nombreuses métaphores, qui sont la face littéraire de ces transformations. La fin de la description nous transporte à l'époque où le narrateur écrit, longtemps après « Combray » : cette « figure chère et disparue » resurgit encore devant certains clochers ou beffrois de grandes villes comme le modèle profond qu'il recherche au fond de lui-même.

À ce point du roman, nous avons identifié les **deux centres de Combray** : la maison, centre personnel et familial, et l'église, centre du village, mais encore davantage temple du Temps et lieu de la transformation du familier en surnaturel esthétique. Chacun de ces centres possède la vertu d'être un objet de mémoire involontaire : la chambre de la tante est rappelée par le thé et la madeleine, l'église de Combray l'est par la vue d'autres églises.

M. Legrandin (pp. 167-168)

Proust revient au ton familier avec un nouveau portrait, qu'il ne fait qu'ébaucher (sa suite se trouve pp. 225-227 et 231-237). Plus développé au physique que ne l'était celui de M. Swann, c'est celui du type, hybride, du scientifique-littéraire. Contrairement à Swann, il ne dissimule pas son double état, mais l'étale volontiers. En lui se perçoivent facilement des éléments contradictoires. Outre le peu de compatibilité apparente entre sa profession et sa vocation, il allie à la prestance du corps un habillement un peu négligé (son veston d'écolier). Brillant causeur, il parle comme un livre, au dire de la grand-mère, bon juge en matière esthétique. Il se répand en tirades violentes « contre l'aristocratie, la vie mondaine, le snobisme », alors que sa sœur est mariée à « un gentilhomme bas-normand » (précision qui le distingue désavantageusement de Swann, dont les relations mondaines s'élèvent jusqu'à la plus haute aristocratie). Dans sa façon de s'adresser aux parents du héros, il mêle la familiarité, l'amertume, le goût de la nature écologique et de l'art.

La visite d'Eulalie. Le repas dominical (pp.169-172)

Avec Eulalie (dont le nom signifie en grec ancien : « celle qui parle bien »), ancienne servante, nous changeons de catégorie sociale. Ce sera, nous le prévoyons, une concurrente de Françoise donc une intruse : mais sa pauvreté, sa laideur et son accoutrement sont déjà à son désavantage. Elle fait la navette entre les deux pôles de Combray, et assure la circulation des nouvelles. Sa principale qualité est, chose presque impossible, de réussir à trouver le ton juste pour parler à la tante de sa santé

En attendant « l'heure d'Eulalie », qui est l'après-midi, on déjeune copieusement. La page sur **les menus de Françoise** est un morceau célèbre (qui a servi de texte de dictée à des générations de lycéens), dédié à l'amplification et à l'ironie. L'annonce de « l'heure altière de midi, descendue de la tour de Saint-Hilaire qu'elle armoriait des douze fleurons momentanés de sa couronne sonore » est une métaphore filée* qu'on ne peut prendre au sérieux, aussi chargée que le repas qui suit. Quant à l'énumération de tous les mets, il faut bien sûr la comprendre comme la synthèse de tout ce que les saisons ou les occasions suggèrent à Françoise de servir aux convives, et non comme un menu unique : les jardins potagers, les vergers et les marchés campagnards des environs semblent réunir sur cette table l'ensemble de leurs produits de l'année. L'**ironie** ne consiste pas seulement dans la surabondance des aliments, mais aussi dans la justification donnée par Françoise au choix de chacun d'eux ; ces explications doivent être en effet comprises comme des passages au discours indirect libre* : « une barbue parce que [disait ou pensait Françoise], la marchande lui en avait garanti la fraîcheur », etc. Proust a réuni dans cette page pantagruélique tout ce qui pouvait évoquer les talents de la cuisinière, les agréments des vacances et la convivialité familiale. Nous assistons à un retour de pendule vers les nourritures terrestres, après les élans esthético-historiques suscités par l'église.

Dans le même mouvement d'euphorie et d'ironie (consistant ici à magnifier les réalités quotidiennes), le narrateur transforme le petit jardin où on l'envoyait amorcer sa digestion en lieu décoré d'ornements gothiques, et l'arrière-cuisine de Françoise en temple dédié à Vénus, déesse de l'amour.

Les après-midi du dimanche
L'oncle Adolphe et la dame en rose
(pages 172 à 215)

RÉSUMÉ

À propos d'un cabinet de repos donnant sur le jardin et autrefois réservé à l'oncle Adolphe, s'ouvre une longue digression sur l'incident qui amena un jour une brouille entre lui et le reste de la famille. L'enfant avait coutume de lui faire des visites à Paris, à une époque où il rêvait

sans cesse de théâtre, d'acteurs et d'actrices. L'oncle connaissait certaines de ces femmes. L'une d'elles, vêtue de rose,
était présente lors d'une de ces visites, et lui témoigna tant
d'amabilité qu'à son retour, il raconta par le menu à ses
parents cette rencontre éblouissante. Ceux-ci eurent avec
l'oncle des explications violentes, et une impolitesse de
l'enfant entraîna la rupture définitive.

COMMENTAIRE

La construction du passage et sa chronologie

Sur le détail mineur qu'est le cabinet fermé, le récit fait un
bond en arrière. Le prétexte en est d'expliquer cette fermeture. Mais, en fait, l'importance de l'épisode réside moins dans
la personnalité de l'oncle volage, dont le sort définitif est assez
vite expédié (p. 181 : « Il est mort bien des années après sans
qu'aucun de nous l'ait jamais revu »), que dans l'évocation de
l'atmosphère de mode, de luxe, de plaisir qui règne chez lui à
Paris, dans l'admiration de l'enfant pour les femmes belles et
séduisantes et dans l'apparition fugitive de la dame en rose,
peut-être maîtresse de l'oncle, et dont la fréquentation est
jugée scandaleuse par les parents. Tout, dans ce passage, est
à l'inverse de la vie calme, modeste et vertueuse qui se déroule
à Combray.

La chronologie en est assez fantaisiste. L'enfant des repas
à Combray et des visites à sa tante Léonie est véritablement
un jeune enfant, qu'on fait jouer à préparer la tisane et à qui
on donne la « becquée » de la madeleine. Or dans les visites à
l'oncle, supposées plus anciennes, son amour du théâtre, l'évocation des années de collège, son exaltation devant les jolies
femmes sont nettement ceux d'un adolescent. Bien plus, on
apprendra par la suite que la dame en rose est devenue Mme
Swann, mère de Gilberte qui a le même âge que lui. Comment
donc l'enfant aurait-il pu la rencontrer avant même qu'elle
connût Swann, c'est-à-dire avant sa naissance ?

Nous découvrons à cette occasion que **la chronologie du
roman est pour le moins élastique**. Il y a deux explications
à cela : d'abord, « Combray » est une résurrection de souvenirs lointains et affectifs, par une mémoire qui mêle les époques et ne retient que les faits qui ont marqué la sensibilité, éta-
blissant entre eux des liens lâches et arbitraires. **C'est la vérité**

50

psychologique, non le réalisme historique, qui est recherchée. Par ailleurs, Proust ne composait pas son roman de façon linéaire, en suivant l'ordre du temps ou de la causalité, mais par morceaux séparés, qu'il ajustait ensuite les uns aux autres, changeant au besoin les circonstances et les personnages, dans **un souci de cohérence thématique plus que d'exactitude chronologique**. Ainsi la rencontre de l'adolescent avec l'actrice chez l'oncle est-elle placée dans un « autrefois » du récit d'enfance parce qu'elle permet d'expliquer la fermeture du cabinet ; thématiquement, elle permet d'opposer entre elles deux attitudes morales à l'intérieur de la famille, toutes deux conditionnant l'éducation du héros, et elle illustre ses goûts précoces. Plus tard, l'identification de l'inconnue en rose avec la future Mme Swann, tout aussi arbitraire, justifiera la légèreté de l'épouse et expliquera sa mise à l'écart par les honnêtes gens de Combray.

Le modernisme de l'oncle

Le genre de vie d'Adolphe s'oppose en tous points à celui de la famille à Combray, et probablement même à Paris. L'oncle est célibataire, il a un domestique en gilet rayé, un cocher et des chevaux, un vaste et riche appartement dont la décoration Second Empire est à la mode (quoique pas à la toute dernière, l'épisode pouvant se situer dans les années 1890), en tout cas très luxueuse, colorée, plutôt surchargée. Rien de comparable à la simplicité traditionnelle de Combray, partagée entre la maison et l'église, avec une seule servante en coiffe, des déplacements à pied, des fréquentations sérieuses. Les friandises grignotées chez l'oncle n'ont rien de commun avec les solides repas rustiques. On fume même chez lui des cigarettes de luxe. La présence de l'actrice signale une liberté de mœurs qu'on a essayé de cacher à l'enfant, dont les visites en ce lieu douteux sont soigneusement programmées et limitées à « une fois ou deux par mois ». La gêne de l'oncle devant les avances de la dame à son neveu, sa mauvaise humeur lorsqu'elle demande des précisions sur sa famille, montrent qu'il est parfaitement conscient de ces différences et de la situation délicate ainsi créée. La sensibilité du jeune héros réagit d'ailleurs immédiatement dans le sens redouté par ses parents : il est frappé par « l'air si simple et si comme il faut », si « jeune fille de bonne famille » de la personne (p. 178), en attendant, « plus tard », de considérer que le « rôle » de telles femmes est d'« enrichir d'un sertissage précieux et fin la vie fruste et mal dégrossie des hommes ». Son enthousiasme est tel qu'il ne peut tenir sa langue à son retour et qu'il commet une lourde gaffe, aggravée peu après par une impolitesse à demi volontaire : ce sera la cause d'une rupture définitive de ses parents avec l'oncle. Nous retiendrons de cet incident le penchant irrépressible de l'enfant, pourtant si attaché à sa famille, pour les jolies femmes et tout ce qu'elles représentent, dans ses rêves, de luxe, de douceur, d'agrément.

L'amour du théâtre

C'est l'amour du théâtre qui entraîne l'enfant à faire une visite inopinée chez l'oncle. Cet amour repose encore sur l'imagination, puisqu'il n'est jamais allé à une représentation. Il s'exalte à la lecture des affiches, laisse sa rêverie se développer à partir des illustrations ou des noms des pièces (pour ceux-ci, comme pour les noms d'acteurs, nous renvoyons aux notes de l'édition GF). Il n'est sensible, à cet âge, qu'à la célébrité des uns et des autres, aux somptueux équipages des actrices, en somme à des qualités très éloignées de l'univers de Combray. Rappelons-nous, cependant, que ce village aussi, surtout dans le premier chapitre, est décrit comme le « **théâtre** » **du coucher, que la scène du baiser du soir l'est comme** un **drame**, que Léonie et Françoise jouent dans la chambre une véritable **comédie** dont elles sont les **actrices**. Le narrateur a une aptitude particulière, selon les cas, à poser un décor, à placer un éclairage, à alterner les répliques, à préciser une attitude, à entretenir le suspense, à réussir les entrées ou les sorties des personnages. Il n'est donc pas surprenant qu'il se présente lui-même comme un fervent du théâtre. Proust l'était d'ailleurs lui-même, et sa correspondance nous le montre parfaitement au courant de l'actualité dramatique de son temps : il assistait à de nombreuses pièces avant sa période de réclusion, et ensuite ne cessa de lire les rubriques théâtrales des journaux ; il s'abonna même au théâtrophone, procédé permettant d'écouter au téléphone des représentations d'opéra. Il fut aussi un admirateur des Ballets russes, qui introduisirent à Paris de grandes nouveautés dans la mise en scène à partir de 1909. De nombreux passages de son roman seront encore traités selon l'art de la mise en scène et des dialogues, et une large place y sera faite à des représentations théâtrales (de *Phèdre*, par exemple, et d'opéras).

Lectures
(pages 185 à 204)

RÉSUMÉ

Nous revenons au dimanche après-midi à Combray. La fille de cuisine, enceinte, est comparée à la *Charité* de Giotto. L'enfant va lire dans sa chambre puis, à la demande de sa grand-mère, en plein air au jardin. Une méditation sur la lecture est interrompue par le défilé d'une troupe de cavalerie. Un camarade plus âgé, Bloch, influence les choix du jeune lecteur. Il est raillé par le grand-père en raison de ses origines juives, et peu aimé par le reste de la famille à cause de son impolitesse. L'écrivain préféré est Bergotte, surtout aimé pour son style. Un jour, Swann fait son éloge, et déclare qu'il est le grand ami de sa fille, qu'ils visitent ensemble les cathédrales et les châteaux. L'enfant est aussitôt saisi d'admiration pour elle.

COMMENTAIRE

La Charité de Giotto

La fille de cuisine est l'auxiliaire de Françoise ; elle est généralement peu habile et change chaque année. Le narrateur en retient une particulièrement, dans un état de grossesse très avancé, au visage hommasse et indifférent à son état, et que M. Swann a coutume d'appeler la « Charité de Giotto », à cause de sa ressemblance avec une fresque de ce peintre à Padoue, dont il a d'ailleurs donné une photographie à l'enfant. Les Vertus et les Vices représentés par Giotto sont remarquables par la force concrète des symboles qu'ils illustrent, force indépendante de l'aspect physique des personnages. L'épisode illustre l'intrusion de l'art dans la vie quotidienne, grâce à des objets susceptibles d'évoquer la beauté et à de nombreux souvenirs culturels. Par cette forme de mémoire, le narrateur peut en permanence **doubler le récit de sa vie d'un arrière-plan artistique**.

Bloch

Ce curieux camarade est destiné à apparaître, jusqu'à la fin du roman, tantôt comme un double du héros ou de Proust lui-même, tantôt comme un repoussoir. Il a en commun avec l'auteur l'origine juive (Proust l'était par sa mère, tandis que son héros ne l'est pas) et il subit de la part du grand-père les moqueries qu'une partie de la société française réservait à cette catégorie sociale (remarquons au passage que le grand-père, avec ses citations chantonnées d'opéras, est lui aussi un amateur de théâtre). Bloch sera, par la suite, affligé de tous les travers reprochés aux juifs. Il sera aussi – et en cela il s'oppose au héros comme à l'auteur – constamment maladroit et grossier en société. Il est, au moins en partie, l'émanation d'un certain malaise ressenti par Proust relativement à son origine : selon les moments, ce dernier oscille en effet entre une fidélité active, qu'il prouve pendant l'affaire Dreyfus, et une attitude railleuse jusqu'à la caricature. Bloch est aussi un initiateur de son camarade aux belles-lettres, et ses goûts sont plus modernes que ceux de la mère, lectrice de George Sand. Son langage affecte volontiers le jargon et le ton péremptoire de la critique, et imite les archaïsmes et les hellénismes de Leconte de Lisle.

La lecture

Les pages 186 à 190 nous fournissent une analyse de l'acte de lecture, due bien sûr au narrateur et non à l'enfant. Selon lui, lire nous isole du monde, comme une « crèche », et nous enferme dans l'univers du livre, jugé *a priori* beau et chargé de « richesse philosophique ». Les personnages n'en sont pas réels, mais sont des « images » forgées par le romancier, « immatérielles, c'est-à-dire que notre âme peut s'assimiler ». Cette osmose permet au lecteur d'éprouver la même chose que les héros fictifs, de participer pleinement à leurs émotions, et même de façon « décuplée », « comme dans tous les états intérieurs », comme dans le rêve. Une nouvelle fois nous percevons que Proust n'a pas une conception réaliste de la littérature, qu'il donne la première place à la fiction, et que celle-ci doit agir puissamment sur les profondeurs de l'esprit du lecteur. Nous ne devrons pas perdre de vue cette orientation de principe en lisant *À la recherche du temps perdu*, et nous pourrons considérer nous aussi ce roman, en reprenant la théorie même de Proust, comme **une vaste invention destinée à faire partager un rêve**.

À ces conditions fondamentales de la lecture s'en ajoutent de purement physiques, comme le confort du corps, le bon air, la tranquillité, la sonnerie des cloches. Cette dernière bénéficie de l'état poétique dans lequel est plongé le héros, et donne lieu à de brillantes images (« ce petit arc bleu qui était compris entre leurs deux marques d'or » ; « avait [...] effacé la cloche d'or sur la surface azurée du silence » ; « vos heures silencieuses, sonores, odorantes et limpides »), accompagnées de rythmes syllabiques* remarquables : certaines séquences, notamment des fins de phrases, sont construites sur des nombres de syllabes correspondant à ceux de vers réguliers (6, 8, 10, 12 syllabes), et rappellent le rythme de la poésie versifiée :

– magiqu[e] comme un profond sommeil...   (8)
– avait donné le change   (6)
– à mes oreill[es] hallucinées   (8)
– et effacé la cloche d'or   (8)
– sur la surface azurée du silence.   (10)

– de vos heur[es] silencieuses   (6)
– sonor[es], odorante[es] et limpides.   (8)

Le **thème poétique des heures magiques du clocher** revient au moins trois fois dans « Combray » et rappelle avec insistance que ce texte s'inscrit dans un temps de fiction et d'enchantement (souvent arrêté), qu'il n'est en rien une histoire véridique. Il est déjà le *temps retrouvé* (remémoré et réinventé) à la recherche duquel le héros se décide à partir à la fin de l'œuvre.

Bergotte

C'est un romancier contemporain fictif, apprécié à la fois du héros, de Bloch, de M. Swann et même d'inconnus comme le docteur Du Boulbon. Si nous sommes curieux de connaître le sujet exact de ses livres, nous devons rester sur notre attente. Ce que recherche avant tout l'enfant chez lui, c'est un style et une musicalité : des expressions rares, des archaïsmes, « un flot caché d'harmonie », que nous sommes conviés à reconnaître dans quelques citations, où nous retrouvons justement les métaphores et les rythmes syllabiques chers à Proust lui-même dans ses fragments les plus poétiques : « vain songe de la vie » (6 syllabes), « tourment stérile et délicieux / de comprendre et d'aimer » (8-6). La poétisation y réside aussi dans des retours de sonorités, comme dans les deux -v- de « vain songe de la vie », la syllabe -ren- et la séquence -b+l- dans « l'inépuisable torrent des belles apparences ».

Le contenu se caractérise par une philosophie idéaliste, l'évocation des cathédrales, l'invocation et la prière. Il ne s'agit pas de récit d'aventures ni d'événements, les seuls objets mentionnés donnent lieu à des méditations et non à des descriptions réalistes. Le jeune héros n'y perçoit que des thèmes généraux de sensibilité, et de grandes formes abstraites, si bien que par des lectures répétées il dégage un « morceau idéal » de Bergotte qui peut se superposer à de nombreux autres de son œuvre (p. 198). Il lui arrive même de rencontrer des expressions qu'il a employées lui-même, et il en sanglote « comme dans les bras d'un père retrouvé ». On s'est demandé quels modèles réels avaient pu servir à Proust pour composer son Bergotte : on a peu d'indications exactes de sa part, mais l'on a songé à Renan, à Anatole France, à Barrès.

M. Swann se révélant être un ami proche de Bergotte, l'enfant apprend de lui que l'écrivain place au premier rang des actrices, pour ses rôles tragiques, la Berma, puis qu'il est le grand ami de Mlle Swann, avec laquelle il visite les monuments. Ce privilège rend le héros éperdu d'admiration pour la fillette, qu'il ne connaît pas encore, et se dit « tout prêt à aimer ». Nous voyons, dans ces pages, se nouer un ensemble de relations, que la suite du roman développera largement, entre le héros, Swann (qui est pour lui une sorte de père spirituel), sa fille et Bergotte (voir « Noms de pays : le nom » dans *Du côté de chez Swann*, et *À l'ombre des jeunes filles en fleurs*) Le héros, plus tard, fera la connaissance de l'écrivain lors d'une invitation à déjeuner chez Swann. Il sera déçu par cette rencontre. Peu à peu, il lui retirera son admiration littéraire et lui préférera un nouvel écrivain (qu'on comprendra être Giraudoux). Dans *La Prisonnière*, un passage célèbre décrit la mort de Bergotte : la permanence de ses œuvres alors qu'il n'est plus témoignera d'une relative immortalité des écrivains.

La tante Léonie
(pages 214 à 215)

RÉSUMÉ

Le récit revient à l'« heure d'Eulalie » attendue par la tante, pendant que l'enfant lit dans le jardin (activité licite seulement le dimanche aux yeux de la vieille dame, et assimilée par elle, les autres jours, au fait de « s'amuser », c'est-à-dire « perdre son temps »). L'attente est meublée par la contemplation de la pluie qui menace, puis tombe enfin, et par le souci de l'« heure de la pepsine ». Presque en même temps qu'Eulalie arrive le curé qui, à l'occasion du passage par Combray d'un peintre désireux de représenter un vitrail de l'église, disserte sur l'étymologie des noms de lieux de la région, puis se livre à une description de son église. Les menus cadeaux d'argent de Léonie à Eulalie provoquent l'indignation de Françoise. Commentaires sur le « train-train » de la tante, à peine troublé par de petits incidents.

Le curé

Plutôt que d'apporter la bonne parole religieuse à la tante, il cherche à la distraire par les nouvelles « culturelles » du pays. C'est un érudit local, assez sentencieux, pour le portrait duquel Proust a fait des emprunts à des ouvrages d'étymologie toponymique (c'est-à-dire étudiant l'origine des noms de lieux) et à une petite monographie de l'abbé Marquis, un ancien curé d'Illiers. Ses énumérations ne peuvent être que lassantes pour la tante. Il est le premier représentant de l'espèce des savants, que Proust, dans la suite du roman, n'épargne guère. L'un d'eux, Brichot, professeur à la Sorbonne, est destiné à reprendre plus longuement le thème des noms de lieux dans *Sodome et Gomorrhe*. Le curé ne semble pas comprendre l'art, et méprise les choses anciennes, comme les vitraux. Il en vient à une description de son église qui fait pendant à celle du narrateur, déjà lue. Il s'exprime d'un point de vue tout différent, plus touristique, et qui, au lieu de faire du monument le point de convergence des regards, en fait au contraire le **point de divergence** puisqu'il permet des vues panoramiques sur la région. Aussi le spectacle est-il inversé et la vue plonge-t-elle sur la localité voisine de Jouy-le-Vicomte, dont les canaux découpant la terre ont quelque chose de vénitien. C'est là une nouvelle et passagère amorce, parmi bien d'autres à venir, du thème de Venise ; elle s'accompagne d'une constatation que le narrateur reprendra plus tard à on compte : on ne voit jamais un objet que partiellement ; le problème est d'associer ensuite mentalement les différentes images qu'on en a prises.

Les cadeaux à Eulalie, le train-train de la tante

Les commentaires sur ces légères libéralités forment une suite aux portraits de Léonie et de Françoise. La tante manifeste une certaine générosité, qui ne lui coûte guère. Françoise, en revanche, se montre jalouse, moins de l'argent qui lui échappe que de ses prérogatives de domestique de « grande » maison aux yeux du voisinage. Un article curieux est ironiquement ajouté à son code : ne donner qu'aux riches, pour ne pas mêler les castes. Le « train-train » de Léonie, c'est la répétition quotidienne des mêmes gestes aux mêmes heures, des mêmes paroles, des mêmes préoccupations sans importance réelle, que rien ne doit troubler, pas même les souffrances de l'accouchement de la fille de cuisine. Proust use pour évoquer ce style de vie d'un humour appuyé, insistant sur la violence des troubles (allant jusqu'aux cauchemars) que provoquent des causes futiles ou imaginaires (comme la pensée que son « pauvre Octave » ressuscité voudrait lui faire faire une promenade tous les jours). Les paroles littéralement reproduites de la tante, avec leur côté familier et provincial (du type de : « Voilà-t-il pas que... »), soulignent ironiquement son égoïsme inconscient.

Un détail a de quoi retenir notre attention ; c'est la formule finale presque identique de cet épisode et de celui de l'oncle Adolphe : « et il est mort bien des années après sans qu'aucun de nous l'ait jamais revu » (p. 181) et « et je sortis à pas de loup de la chambre sans qu'elle ni personne eût jamais appris ce que j'avais entendu » (p. 215). Dans les deux cas, le silence retombe sur un mystère familial. Dans les deux cas, c'est le héros qui l'a percé à jour en se plaçant en position d'espionnage, plus ou moins volontaire. Nous pouvons dès lors nous demander si un trait de son caractère ne serait pas la propension à dérober les secrets d'autrui. Nous aurons bientôt de nouvelles précisions sur ce point.

L'exception des samedis
(pages 215 à 225)

RÉSUMÉ

Les samedis connaissent un emploi du temps différent des autres jours, mais régulier lui aussi, et toute la famille communie avec ferveur dans le rite spécial que constitue le décalage de l'heure du déjeuner. Un autre rite du samedi, en mai, est celui du mois de Marie. On y rencontre M. Vinteuil et sa fille. L'enfant est épris des aubépines qui parent l'autel, dans une profusion de blancheur, de finesse et d'odeur. M. Vinteuil, ancien professeur de piano, est un homme pudibond et timide. Lors d'une visite des parents à Montjouvain, sa demeure, il exhibe et cache successivement une partition qu'il n'ose pas leur interpréter. Il protège à l'excès sa fille, qui cache de la fragilité sous des dehors masculins. Après le mois de Marie on rentre à la maison à travers un paysage nocturne, et le père fait admirer son sens de l'orientation. La tante Léonie a besoin de rompre par l'imagination la monotonie de son existence ; aussi joue-t-elle tantôt avec Françoise, tantôt avec Eulalie, des « pièces » où elle se donne le rôle de démasquer celle qui, croit-elle, la trahit. Ainsi reconstitue-t-elle à sa manière, à Combray, l'étiquette rigide de la cour de Louis XIV à Versailles.

COMMENTAIRE

La « mécanique » familiale

C'est le nom que le mémorialiste Saint-Simon donnait aux usages codifiés de Versailles, et qui semble convenir à la vie à Combray. Le narrateur la présente, au début du passage, sous un aspect comique, comme créant « une sorte de lien national » et devenant « le thème favori des conversations, des plaisanteries, des récits exagérés à plaisir » : tous se sentent solidaires les uns des autres quand un étranger se laisse tromper par le changement d'horaire du déjeuner du samedi. Mais, à la fin, cette « mécanique » devient pesante à la tante elle-même, qui a besoin d'un divertissement et le trouve dans l'imagination d'une catastrophe, ou encore en se créant avec la participation involontaire de Françoise et d'Eulalie un théâtre domestique, l'une d'entre elles étant la confidente, l'autre jouant le rôle du traître : le vocabulaire du théâtre réapparaît en abondance : « péripéties », « spectacle dans un lit », « faire jouer ses pièces », « confidente », « traître », « emplois », « mouvements de physionomie », « démasquée », « divertissement ». Le goût proustien pour **le théâtral** se donne ici libre cours, et s'élargit même dans le rapprochement avec l'étiquette louis-quatorzienne.

Le mois de Marie

Le passage sur le mois de Marie (cérémonie catholique qui a lieu chaque semaine en mai en l'honneur de la Sainte Vierge) n'évoque en rien la piété, mais présente une alternance de morceaux sur les aubépines de l'église et sur M. Vinteuil et sa fille. **Les aubépines donnent lieu à un véritable morceau de bravoure**, dans lequel Proust fait étalage de son talent de créateur de métaphores, transformant les aubépines en une foule vivante et active. Nous n'avons ici qu'une partie de ce morceau, l'autre se trouvant plus loin, lorsqu'elles sont vues en pleine nature, à l'occasion des promenades du côté de chez Swann (pp. 246-249). L'auteur a d'abord présenté une version suivie du tout en prépublication, dans un article du *Figaro* du 21 mars 1912 : « Au seuil du printemps. Épines blanches, épines roses ». Comme il le fait souvent, il a commencé par rédiger l'ensemble thématique consacré à ces fleurs, en s'inspirant largement de passages de son *Jean Santeuil* inédit. Puis il l'a découpé en plusieurs fragments, insérés dans des développements différents. C'est un type de composition courant en **musique**, où des thèmes mélodiques peuvent apparaître de façon intermittente et s'entrelacer avec d'autres thèmes. Un musicien comme Richard Wagner, que Proust admirait, en fait un usage systématique dans ses opéras, sous le nom de **leitmotiv***. En même temps, Proust pratique la superposition de thèmes, semblable au **contrepoint*** en musique : les fleurs blanches sont associées simultanément au culte de la Vierge, symbole de pureté physique et morale, à Mlle Vinteuil, elle-même jeune fille, à son père, défenseur des mœurs rigoureuses. Tout cela est parfaitement à sa place dans l'église. Mais une déviation se produit au moment de quitter le lieu : les aubépines se manifestent alors par leur odeur « amère et douce », que le jeune héros unit sensuellement, en imagination, à celle d'un gâteau, la frangipane, et à celle des joues de Mlle Vinteuil ; en même temps, il perçoit sur le fond immaculé des corolles la rousseur des étamines, qui lui rappelle les taches de rousseur de la jeune fille. Ainsi le blanc virginal contient-il et cache-t-il une couleur qui sera plus tard associée à la sexualité, comme le laissent prévoir aussi les expressions de « vie intense », de « virulence printanière », de « pouvoir irritant ».

Proust use, surtout au début, du vocabulaire de l'éloquence religieuse : « église sainte », « mystères », « célébration », « flambeaux et vases sacrés », « apprêts pompeux », « ornement suprême », « décoration », « solennité mystique », qui nous rappelle le style prêté au romancier Bergotte. C'est ce que font aussi de nombreux rythmes syllabiques. Prenons comme seul exemple la phrase suivante, qui peut être analysée presque tout entière en vers blancs :

N'étant pas seul[e]ment dans l'église [...]	8
où nous avions le droit d'entrer	8
posées sur l'autel même	6
inséparables des mystères	8
à la célébration desquels ell(e) prenait part	10
elles faisaient courir	6
au milieu des flambeaux et des vases sacrés	12
leurs branches attachées horizontalement	12
les un[es] aux autr[es] en un apprêt de fête	10
et qu'enjolivaient encore / les festons de leur feuillage	7-7
[...] comm[e] sur une traîne de mariée	8
de petits bouquets de boutons	8
d'un[e] blancheur éclatante	6

Vinteuil et sa fille

Ce n'est pas sans raison que nous avons fait des rapprochements entre l'écriture de Proust et la musique. M. Vinteuil l'enseigne, nous apprenons même qu'il compose. Dans une parenthèse du récit, les parents lui rendent une visite et lui demandent vainement de leur interpréter une de ses pièces : le vif désir qu'il en a est contrecarré par sa timidité. L'enfant est resté à l'extérieur, caché, en position de spectateur ou d'espion, voyant toute la scène et surprenant le manège du vieil homme. La description est curieusement invraisemblable, avec cette distance de « cinquante centimètres » et cette dissimulation que rien n'impose : cela souligne au contraire le caractère imaginaire et même fantasmatique de cette scène. Elle est avant tout la préparation d'un autre passage, bien plus important, où il assiste, du même poste d'observation, à une nouvelle scène à mettre en parallèle avec celle-ci (voir p. 270 et suivantes). C'est encore un des traits de la construction narrative proustienne que de **faire de loin de telles annonces et de tels parallèles, en réactivant des situations et des « scénarios » déjà mis en œuvre**. M. Vinteuil apparaît surtout comme un modèle de moralité et même de moralisme, blâmant la jeunesse, le « goût du jour », et jusqu'au mariage de M. Swann. Il est pourtant le père attentionné d'une jeune fille, à la fois délicate comme son père, mais « rude » et « hommasse », conduisant elle-même sa voiture à cheval. Tous ces détails sont prémonitoires et prendront leur sens par la suite.

La sortie pour le mois de Marie s'achève par une grande promenade nocturne dans Combray, jusqu'à la limite du « monde civilisé », première étape vers des marches plus longues à l'extérieur de la ville. Le narrateur mêle **l'humour** sur les citadins à demi perdus, sauvés grâce au « génie stratégique » du père, et **le fantastique*** qui transforme sous le clair de lune l'aspect de la ville et fait venir au-devant des promeneurs la porte du jardin et la maison. Par ce dernier point, nous sommes une fois de plus aux frontières du rêve. Et l'Habitude personnifiée peut reparaître dans ses fonctions tutélaires, et même maternelles (« me portait jusqu'à mon lit comme un petit enfant ».)

Les soirées du dimanche
(pages 225 à 241)

RÉSUMÉ

Le récit revient aux dimanches, et à l'un d'eux marqué par un salut à peine poli de M. Legrandin à la sortie de la messe. Le lendemain, l'ami se montre cordial et loquace. Visite du héros à la cuisine, où il admire les œuvres de Françoise, les produits du terroir et notamment les asperges, et découvre la cruauté de la cuisinière tuant un poulet et maltraitant la fille de cuisine. Un autre dimanche, M. Legrandin, occupé à se faire présenter à une riche propriétaire, se montre encore plus impoli. Comme il a néanmoins invité le héros pour le soir même, celui-ci vient au dîner et entend de la part de Legrandin des discours poétiques, mais aussi des propos embarrassés sur le duc et la duchesse de Guermantes. Lors d'une autre rencontre avec les parents, Legrandin est pris en flagrant délit de snobisme.

COMMENTAIRE

Le passage est construit sur **l'alternance de deux thèmes** : les portraits en action de Legrandin et de Françoise, qui se font pendant, le premier orienté vers les relations mondaines de la famille, avec de très lointaines et indirectes perspectives sur le milieu nobiliaire, l'autre tourné vers la vie domestique et les classes « inférieures ». L'univers social de Combray est parcouru à travers ces quelques spécimens, qui en donnent une image en définitive peu optimiste, entre le snobisme hypocrite de l'un et la méchanceté de l'autre. Mais la naïveté de l'enfant, spectateur étonné et en même temps protégé, permet au narrateur d'en donner une représentation où l'humour domine.

Le snobisme de Legrandin

Le portrait du personnage continue de se dégager au cours de trois courts récits discontinus, à partir d'une énigme qui se pose au père : pourquoi Legrandin, « type de l'homme d'élite » aux yeux de la famille (p. 167) et anti-snob, salue-t-il à peine ses voisins et amis lorsqu'il est en bonne compagnie et leur manifeste-t-il une amitié exubérante lorsqu'il est seul avec eux ? Il y a là de quoi déconcerter la droiture des parents.

Le premier récit reste assez schématique. Il commence par une scène où Legrandin, occupé à parler à une châtelaine, gratifie ses voisins d'un regard infiniment distant et d'un signe de tête imperceptible. À ce manège purement gestuel succède, le lendemain, une rencontre privée où il se précipite la main tendue, cite un vers en parlant du ciel et s'éclipse avec familiarité. Le second récit reprend exactement le même schéma, en l'amplifiant fortement : la scène sans paroles à la sortie de la messe est agrémentée d'une mimique ridicule, qui permet au narrateur de se moquer de l'aspect « charnu « et « charnel » de Legrandin, tandis que le salut refusé est redoublé grâce au retour chez le pâtissier, et comporte l'évocation ironique du signe de connivence infiniment compliqué et contradictoire « illuminant [...] une prunelle énamourée dans un visage de glace ». Le soir même, c'est l'ami cordial qui, devant le héros invité en tête-à-tête, évoque poétiquement la nuit et la musique « que joue le clair de lune sur la flûte du silence ». Mais l'enfant, avec une perfidie qu'on a peine à croire tout à fait inconsciente (en fait, c'est le narrateur qui joue perfidement de la naïveté qu'il lui prête), l'interroge sur Mme de Guermantes et provoque la révélation attendue : Legrandin est un snob. Non qu'il l'avoue, mais tout son comportement manifeste son être double. Il dit ne pas connaître les châtelains, ne pas vouloir les connaître, par indépendance d'esprit, par jacobinisme, parce qu'il préfère les spectacles poétiques. Et son regard – nous sommes en train de découvrir peu à peu **l'éloquence que Proust confère aux regards** (pensons à ceux de la grand-mère, à ceux de Françoise recevant une étrenne) – le pli de sa bouche et l'intonation de ses paroles disent exactement le contraire, à savoir la souffrance de ne pas fréquenter les Guermantes. Ses étranges façons avec les parents s'expliquent par sa duplicité. Dédoublement de personnalité qui n'est même pas volontaire, nous commente le narrateur sur le ton de la généralité : car « nous ne connaissons jamais que les passions des autres » et ne percevons pas directement les nôtres. C'est le **Proust moraliste** qui s'exprime de la sorte et qui tire à tout moment, par les commentaires et les analyses du narrateur, la leçon des faits.

Le troisième récit montre la famille, désormais revenue de ses illusions, tendant un piège à Legrandin en essayant de lui soutirer une lettre de recommandation auprès de sa sœur, Mme de Cambremer, mariée à un hobereau normand près de Balbec, où l'enfant et la grand-mère doivent aller prochainement en vacances. Avant la demande, Legrandin fait spontanément un grand éloge de cette région, sur un ton littéraire et mythologique emprunté à Anatole France et à Renan (qui servent probablement de modèles de style à Legrandin comme à Bergotte). Après l'annonce du voyage à Balbec, il assure qu'il n'y connaît personne, et finit même par retourner complètement son discours antérieur, prétendant que l'endroit est décevant, démoralisant pour un adolescent, et qu'il faut l'éviter à tout prix : « Pas de Balbec avant cinquante ans et encore cela dépend de l'état du cœur ». Tous les doutes sont confirmés : au snobisme s'ajoute même maintenant, comme un corollaire, le manque d'obligeance.Très habilement, Proust, qui n'invente jamais de détails inutiles et prend soin de relier entre eux les différents épisodes, introduit dans ce récit du piège le lieu même où le héros ira passer ses vacances avec sa grand-mère, dans *À l'ombre des jeunes filles en fleurs*, et le personnage de Mme de Cambremer, qu'il y rencontrera en effet (mais qui apparaît dès « Un Amour de Swann »).

La cruauté de Françoise

Au cours de sa visite à la cuisine, le héros voit l'activité de la cuisinière, le grand nombre et la variété de ses ustensiles comme un équivalent des forges souterraines du dieu Vulcain ou comme un tableau de Brueghel. Il s'extasie sur l'aspect féerique des asperges, qui semblent être des créatures surnaturelles « métamorphosées en légumes », mais qui ont en outre un goût de la farce poétique emprunté à Shakespeare (allusion à des enchantements comme on en voit dans *Le Songe d'une nuit d'été* ou *La Tempête*). Mais ces trésors et ces vertus culinaires de Françoise sont contrebalancés par une dureté qui apparaît quand elle tue un poulet aux cris de « sale bête ! », ou quand elle laisse sans soins la « Charité de Giotto » malade en la couvrant de son mépris. Bien plus, elle est capable de méchancetés préméditées pour faire perdre leur place aux autres domestiques. L'image, d'un raffinement tout scientifique, de la guêpe fouisseuse suggère que c'est même pour elle une nécessité vitale. Elle aussi, comme Legrandin, est donc un être double et nous montre un visage peu encourageant de l'humanité. Bien plus, la famille et le héros lui-même sont au courant de cette méchanceté et l'acceptent lâchement parce que Françoise sait le mieux assurer leur confort et flatter leur gourmandise.

Les deux côtés
(pages 241 à 243)

Proust place à cet endroit du texte trois astérisques indiquant une coupure importante. Elle annonce la partie des promenades de « Combray », qui fait sortir les personnages de la petite ville et entraîne un élargissement géographique et thématique du récit.

RÉSUMÉ

Les retours de promenades se terminent toujours par une visite à la tante. Ceux du début de saison sont accompagnés d'un reflet du couchant ; ceux de l'été laissent voir encore dans sa chambre des jeux du soleil sur les meubles. En cas de retard, Françoise attend les arrivants sur le pas de la porte. Il y a à Combray deux « côtés » diamétralement opposés pour les promenades : celui de Méséglise ou « côté de chez Swann », et le « côté de Guermantes ».

COMMENTAIRE

La première page, avec le retour « toujours de bonne heure », rappelle la première phrase de « Combray ». Cette indication temporelle signale une constante du passé révolu, tandis que le narrateur, nous l'apprendrons bien plus tard, passe ses nuits à écrire son récit. L'énumération des différents retours (« au commencement de la saison [...], Dans l'été au contraire [...], Mais certains jours fort rares [...] ») reprend la construction du début du livre : « Parfois [...] et parfois [...] Quelquefois [...] ». Elle est suivie, après quelques propos rapportés directement et apportant vie et familiarité, de la mise en opposition des deux « côtés » : tous deux sont éloignés et inconnus, mais situés dans des directions inverses ; tous deux sont caractérisés très différemment (vue de plaine, paysage de rivière), exclusifs l'un de l'autre au cours d'une même excursion, sans communication possible. Cette opposition systématique n'a pas toujours été faite par Proust au cours de l'élaboration de « Combray ». Ses premiers brouillons décrivaient des itinéraires très proches de la réalité géographique d'Illiers : on suivait un parcours d'abord commun aux deux promenades, puis une bifurcation permettait de se diriger soit vers un plateau couvert de champs de blé, soit vers un lointain château en longeant la rivière. On apprend même tout de suite, dans ces esquisses, qu'il existait un raccourci permettant d'aller rapidement d'une destination à l'autre. Au cours des rédactions successives, différents éléments du paysage ont changé de côté, à mesure que l'écrivain les a chargés de valeurs symboliques contraires, si bien qu'il a fini par généraliser l'opposition, en dépeignant deux mondes isolés l'un de l'autre. L'existence du raccourci a été différée jusqu'à la fin du roman (fin d'*Albertine disparue*), où elle prend à son tour une valeur symbolique très forte : les deux univers dont l'opposition structure l'ensemble du récit finissent par converger et par se réunir.

Tansonville
(pages 243 à 249)

RÉSUMÉ

On traverse d'abord Combray et on accède tout de suite à Tansonville, demeure de M. Swann. On admire les lilas, puis, en l'absence présumée des Swann, les fleurs et la pièce d'eau du parc. La propriété est bordée d'une haie d'aubépines, dont l'enfant admire le foisonnement.

COMMENTAIRE

Le parc de Swann

Mme et Mlle Swann sont parties pour Reims. La première édition (1913) disait : pour Chartres, ville la plus proche d'Illiers. Proust corrigea en Reims dans la deuxième édition, de 1919, pour rapprocher Combray du théâtre de la Grande Guerre : car dans la suite de son roman il faisait se dérouler des combats dans le voisinage. Les fleurs du parc sont énumérées comme des personnes ou des attributs humains (les lilas comme de jeunes houris, la bordure de myosotis et de pervenches comme une couronne, le glaïeul comme un sceptre lacustre), donnant au décor un aspect féerique. Cet aspect quasi irréel l'est d'autant plus que, dans la réalité, ces diverses fleurs ne fleurissent pas à la même saison. On aperçoit dans le parc quelques traces de présence humaine.

Les aubépines

Un nouveau développement leur est consacré. En pleine campagne, elles forment, métaphoriquement, une suite de chapelles, s'étalent comme sur un reposoir, tamisent la lumière comme une verrière, sont ajourées comme la pierre du gothique flamboyant, bref elles évoquent, ou remplacent, l'église absente. Mais elles recèlent en outre un secret, comparable à un rythme ou à une mélodie musicale, que l'enfant ne peut pas percer, bien qu'il se distraie un moment au spectacle des coquelicots dans les blés, images pour lui des flammes des bateaux et de la mer. Une révélation fortuite lui est pourtant accordée lorsque son grand-père lui montre une épine rose, dont la couleur est pour lui celle des guirlandes, de certains biscuits, du fromage blanc où l'on a écrasé des fraises, d'une jeune fille en robe de fête. Le rose symbolise ici la couleur, qui apporte un surcroît au blanc virginal des aubépines ; c'est la teinte de la fête, des desserts, de la toilette et de la féminité (rappelons-nous la dame en rose...). L'essentiel de la révélation réside dans la mise en rapport de l'épine rose avec les modestes aubépines ; elle est vis-à-vis d'elles comme le multiple relativement au simple : c'est **une révélation d'ordre structural**, c'est-à-dire qui concerne une forme constante se retrouvant dans de multiples réalisations particulières. Beaucoup plus tard, dans *La Prisonnière*, le héros se rappellera ce rapport du complexe au simple à propos d'une pièce d'orchestre, un septuor, qu'il comparera au dépouillement d'une sonate, et il fera de ce rapport un principe de composition musicale et – ce qui nous intéresse encore davantage – de composition littéraire. « Combray » et son petit monde sont, pour utiliser le même type de relation, le foyer de base de l'immense *Recherche*. Enfin, la féminité qui se dégage de l'épine rose annonce la scène qui suit.

La rencontre de Gilberte Swann
(pages 249 à 256)

RÉSUMÉ

Par-delà la haie surgit la vision d'une fillette en tenue de promenade, au regard captivant et bizarre, qui adresse au héros un geste « indécent ». Appelée du nom de Gilberte par une dame en blanc, elle s'en va ; tandis que le garçon rêve sur son nom. Le grand-père fait une remarque désapprobatrice sur l'homme qui accompagne Mme Swann. Au même moment, l'amour naît chez l'enfant. Il ne cesse, à la maison, de questionner ses parents pour les obliger à prononcer le nom de Swann. Il retourne, avant de rentrer à Paris, dire adieu en pleurant aux aubépines. Il va dans les champs du côté de Méséglise, quand Mlle Swann est en voyage à Laon, pour que le vent lui apporte des messages d'elle.

COMMENTAIRE

Ce qui pourrait être une rencontre banale est transformé par le souvenir du narrateur en une apparition quasi surnaturelle. Il se produit d'abord un effet de surprise, au moins partiel, puisque l'on croyait toute la famille absente, mais que l'enfant espérait un « miracle » qui ferait surgir Mlle Swann. Puis un effet de mise en scène : une interruption de la haie détermine un champ de vision ; celui-ci est occupé par un abondant décor floral, agrémenté de jeux d'eau multicolores ; c'est sur ce fond très festif que se révèle « tout à coup » une « vision », c'est-à-dire une présence sans entrée. La profusion des couleurs, le survol du jardin, l'instant d'après, par le nom de la fillette semblable à « un talisman », ajoutent au caractère féerique de la scène.

Comme Mlle Vinteuil était apparue en symbiose avec les aubépines de l'église, Mlle Swann apparaît sur le fond de la description des aubépines et de l'épine rose, et parmi les fleurs de son parc. Son nom vient se mêler à ces fleurs. Le blond roux de ses cheveux rappelle les étamines des aubépines, les taches de ses joues l'épine rose. La robe de sa mère est blanche comme les fleurs de la haie. **Proust associe étroitement les fleurs à la féminité**. On en verra d'autres exemples par la suite : le regard bleu de Mme de Guermantes est comme « une pervenche impossible à cueillir », l'amour de Swann et d'Odette se produit sur fond de catleyas (« Un Amour de Swann »), l'appartement parisien de Mme Swann est décoré de chrysanthèmes (*À l'ombre des jeunes filles en fleurs*), etc.

La rencontre des deux enfants est essentiellement un **jeu de regards**. Les convenances ne leur permettent pas de se parler, et d'ailleurs le garçon est comme pétrifié. Mais leurs regards prennent leur autonomie et assurent la communication. Le narrateur les concrétise, par des métaphores, chez le garçon en une fenêtre où se penchent tous les sens, puis en un être vivant se préparant à une capture ; chez la fille, en une sorte de périscope pour observer l'ennemi potentiel (les parents du garçon), puis en un signal ostensiblement inexpressif. Désir, d'un côté, absence de réponse, de l'autre. C'est que le langage des yeux n'est peut-être pas accordé aux convenances pour une fillette de cet âge. Le geste prend alors le relais, mais il est difficile à décoder : le « dictionnaire » intérieur du garçon y voit de l'indécence et de l'insolence ; mais celui de la fillette est-il le même ? Il faudra au héros toute une vie avant de connaître la bonne traduction, qui nous sera dévoilée à la fin d'*Albertine disparue*. Les regards de Legrandin nous ont déjà mis sur une voie chère à Proust : outre les paroles, souvent mensongères, **le corps émet de nombreux signes éloquents, mais qui demandent souvent à être interprétés**.

Le héros tombe amoureux à ce moment. Il y est déjà prêt, par admiration intellectuelle, depuis que M. Swann lui a dit que sa fille était l'amie de Bergotte. Lors de l'apparition physique de Gilberte, nous avons vu que le cadre floral, l'atmosphère printanière, l'effervescence des aubépines dégagent une sensualité à laquelle il participe. Mais cet amour n'est pas sans agressivité de part et d'autre : le geste de la fillette est insolent, le héros réagit en songeant : « Je l'aimais, je regrettais de ne pas avoir eu le temps et l'inspiration de l'offenser, de lui faire mal, et de la forcer à se souvenir de moi ». À côté de ces réactions de type violent, nous voyons cet amour se cristalliser, de façon très idéaliste, sur le nom de la fillette. Ces contradictions commencent à nous laisser percevoir les complexités de l'amour proustien.

À propos du nom de Gilberte, auquel est consacré tout un paragraphe, Proust se livre, comme c'est assez fréquemment le cas dans ses passages les plus poétiques, à un jeu d'anagramme* :

il consiste à reproduire les lettres ou les phonèmes* d'un mot (ici le nom de la fillette) dans un contexte assez restreint pour être perceptible par le lecteur. Le membre de phrase « proféré au-dessus des **ja**smins et des **gi**roflées, **aigr**e et fr**ais** comme les **gou**ttes de l'arrosoir **ve**rt » reproduit à plusieurs reprises les différentes lettres ou phonèmes, à l'exception du -*b*-, de « Gilberte ». La suite de la phrase reprend comme en écho, de nombreuses fois, le phonème -*è*- ouvert ou le groupe -*er*-, dans : **air**, tra**ver**sée, isol**ait**, mys**tè**re, c**elle**, désign**ait**, ê**tre**s, viv**aient**, voyage**aient**, **elle**. L'effet de ce jeu de style est de donner un supplément de consistance matérielle (et de richesse d'évocation) au mot dont les éléments sont répétés, donc de le mettre particulièrement en relief. C'est tout à fait opportun pour ce nom entendu pour la première fois, chargé pour l'enfant d'émotion et d'une véritable magie (puisqu'il est un « talisman »), et qu'il va s'efforcer de faire répéter par ses parents dans la conversation (p. 253) : le héros en est encore, dans son enfance, à l'« âge des noms », celui où ils ne sont pas des étiquettes commodes pour se rappeler les personnes et les lieux, mais où ils **sont chargés de toutes sortes d'associations sonores, de souvenirs, de sensations, d'éléments imaginaires**. Nous le constaterons de nouveau à propos du nom de Guermantes.

En arrière-plan de la scène se dessinent deux silhouettes, celles de Mme Swann, dont nous savons déjà qu'elle scandalise M. Vinteuil, et de l'homme que le grand-père appelle « son Charlus ». Nous ne connaîtrons rien de plus pour le moment que cette insinuation d'adultère, et que le regard exorbité de l'homme : devons-nous nous attendre à une intrigue amoureuse traditionnelle ? La suite le dira, mais ces deux personnages, qui font ainsi discrètement leur entrée dans le récit, sont destinés à y tenir une très grande place.

Montjouvain
(pages 256 à 277)

RÉSUMÉ

M. Vinteuil habite une maison du côté de Méséglise. Sa fille a une mauvaise réputation, ayant installé à demeure chez elle une amie plus âgée. C'est le sujet de plaisanteries du docteur Percepied. Vinteuil souffre de cette situation ; il est reconnaissant à Swann, dont il déplore par ailleurs le mariage, d'inviter sa fille chez lui. Les promenades vers Méséglise ont parfois lieu les jours de pluie. On se réfugie sous le porche de Saint-André-des-Champs, remarquable par ses sculptures naïves, tandis que la pluie semble châtier de ses lances le village voisin de Roussainville. La tante Léonie meurt et Françoise en éprouve un chagrin sauvage. À l'automne le héros fait seul des promenades du même côté, et s'exalte des impressions fortes que la nature lui procure, mais sans pouvoir les exprimer autrement que par de grands gestes et des cris. Il est pris du désir d'une paysanne qu'il espère voir survenir : sa présence serait en accord avec le lieu, elle seule pourrait lui donner le plaisir. Cette vanité du désir lui rappelle celle de ses masturbations dans le petit cabinet sentant l'iris. Quelques années plus tard, peu après la mort de M. Vinteuil, il assiste par hasard, caché près des fenêtres de sa maison, à une scène d'homosexualité entre Mlle Vinteuil et son amie. Cette scène inspire des réflexions au narrateur sur la question du sadisme.

COMMENTAIRE

Les promenades

Occasions de fragments pittoresques et généreusement métaphoriques sur la pluie, sur la ressemblance des sculptures de Saint-André-des-Champs avec les habitants de Combray, sur des reflets de soleil, les promenades comportent des manifestations de plus en plus nettes et fortes du désir sexuel, et sont à l'origine de diverses réflexions psychologiques du narrateur. À propos des cris de « zut, zut, zut, zut » et des gesticulations suscitées par certains spectacles de la campagne, il constate la nécessité et l'impossibilité de « voir clair dans [son] ravissement » : l'enthousiasme ne débouche sur rien d'exprimable, les moulinets du parapluie révèlent l'impuissance d'aller plus loin dans l'analyse et dans l'expression par le langage. Lorsque dans son allégresse il a presque éborgné un paysan, il remarque tristement la mauvaise humeur de ce dernier et qu'en général, « les mêmes émotions ne se produisent pas simultanément, dans un ordre préétabli, chez tous les hommes » : le rêve d'harmonie des cœurs, déjà difficilement réalisé dans la famille, se réalise encore moins au-dehors. Quant au désir physique d'une femme, né brusquement et formulé en termes à peine voilés (« il enflait ma voile d'une brise puissante, inconnue et propice »), il envahit toutes les autres sensations sans être reconnu pour ce qu'il est, un désir général de femme, et se laisse prendre pour la recherche d'« un produit nécessaire et naturel de ce sol ». Cette assimilation du désir aux qualités d'une personne particulière ou imaginaire est typique de l'enfance et de l'adolescence, nous explique le narrateur. L'homme mûr, au contraire (du moins selon lui, qui formule le point de vue tout à fait discutable de Proust), a dégagé peu à peu une notion abstraite de plaisir sensuel, et les femmes différentes ne sont que « les instruments interchangeables » de ce plaisir. Pour mettre sans ambiguïté le lecteur sur la piste du désir qu'éprouve l'adolescent, Proust fait un parallèle, par la voie détournée des métaphores, entre ce désir et ses premières masturbations dans le petit cabinet sentant l'iris (p. 269).

Le parcours qu'il nous fait faire du côté de Méséglise, avec la contemplation des aubépines, la rencontre de Gilberte, les réputations de Mme Swann et de Mlle Vinteuil, le désir de posséder une paysanne, font apparaître ce côté comme celui de la sexualité. Il en va de même, encore plus nettement, dans le fragment suivant, qui nous fait sauter « quelques années plus tard ».

L'homosexualité

Les liens qui unissent Mlle Vinteuil et son amie sont présentés en deux temps. Ils le sont d'abord indirectement, sous la forme d'une mauvaise réputation (pp. 256-259), du vivant de M. Vinteuil, qui en souffre. Le héros est certainement encore trop jeune pour comprendre les sous-entendus grossiers du docteur Percepied, mais le narrateur ne ménage pas ses commentaires. Ceux-ci ont un caractère à la fois réprobateur et justificateur qu'on comprend mal à la première lecture : il emploie le terme de « vice », insiste sur l'humiliation éprouvée par le père, mais valorise « l'amour physique, si injustement décrié », qui stimule la bonté naturelle de celui qui l'éprouve (p. 257), ou il parle d'un « vice que la nature elle-même fait épanouir chez un enfant » par hérédité, donc indépendamment de sa volonté (p. 258). On saisit mal dans ce cas l'humiliation de Vinteuil : il est vrai qu'il ne suit pas le jugement du narrateur, mais celui de la rumeur publique. Certains détails sont peu cohérents entre eux : les mœurs prêtées à Mlle Vinteuil font d'elle au moins une adolescente ; le fait de conduire seule un buggy la grandit encore. Or Swann invite son père à l'envoyer « jouer » avec la petite Gilberte. Le retournement de Vinteuil lorsqu'il se met à admirer Swann, l'homme qu'il blâme d'avoir fait un mauvais mariage, surprend le lecteur. Disons que **le surgissement de la sexualité déviante trouble le récit** comme il trouble le petit monde de Combray : la chronologie et la logique ne sont pas bien respectées.

Le deuxième temps de la découverte ne les respecte pas mieux. Le héros, qui devrait maintenant être adolescent, ne se comporte qu'en enfant craintif. Pas une seule fois Proust n'emploie le mot juste d'homosexualité, ou un de ses synonymes, à propos de cette scène, mais seulement celui de **sadisme***, qui concerne le plus fréquemment des relations entre les deux sexes. Il applique donc un tabou au premier. Une fois de plus, l'enfant épieur est à « quelques centimètres » de la fenêtre, avec tous les risques d'être découvert, ce qui n'arrive pourtant pas. Alors qu'il est déjà si sensible aux pulsions sexuelles et si informé des ragots du village, il se contente de s'endormir devant la fenêtre et d'assister à la suite par le plus grand des hasards. Pourtant, si nous revenons à la page 218, à la visite familiale à Montjouvain, nous voyons que cette première fois il s'était « caché » : il y a tout lieu de penser que le narrateur a construit les deux scènes selon le même schéma, puis a modifié la deuxième pour innocenter son personnage. Cette dernière devait être une scène d'espionnage, de voyeurisme, comme il y en aura plusieurs autres dans la suite. Les erreurs de distance, de chronologie peuvent être attribuées au flou des souvenirs. Mais on peut aussi comprendre qu'il s'agit d'une scène obsessionnelle plus ou moins rêvée, d'un fantasme*, et qu'elle suit plus la logique du rêve et des pulsions qu'elle n'est fidèle à celle du réel.

Le caractère obsessionnel transparaît aussi dans l'abondance et la complexité des commentaires. Proust fait silence sur l'homosexualité, pourtant suggérée suffisamment pour ne pas laisser de doute, mais insiste sur la profanation de l'image du père. Il ne s'agit pas ici d'un sadisme physique, mais d'un **sadisme moral**, qui s'en prend au souvenir d'un mort, et du mort le plus proche, celui qui a déployé les trésors d'une affection véritablement maternelle. Curieusement, après avoir souligné la cruauté de l'attitude des deux filles, les insultes, les crachats, le narrateur se lance dans des raisonnements extrêmement contournés en vue de l'excuser. Le sadisme, dit-il en substance, cherche le raffinement dans la profanation des valeurs (ici l'amour paternel) : il n'est donc accessible qu'à des êtres raffinés et sensibles. Il mêle toujours de l'innocence à la perversité. Il est **une sorte d'art dans le mal** : « une sadique comme elle est l'artiste du mal » (p. 275). Or nous savons depuis le début que le héros est entouré, en toute innocence, d'une atmosphère d'art, par sa grand-mère, par les lectures de sa mère, par M. Swann, par les livres de Bergotte. Donc l'art, comme l'extrême sensibilité, fournit des excuses au sadisme. Cela implique, sans le dire, qu'il en va de même pour l'homosexualité, à laquelle le sadisme sert de masque. La suite de cette démonstration survient beaucoup plus tard dans *La Prisonnière*, quand l'amie de Mlle Vinteuil manifeste son talent et sa générosité en déchiffrant les notes informes d'une grande œuvre musicale que Vinteuil a laissée en mourant, permettant ainsi sa découverte par le public.

Remarquons encore combien cet épisode de Montjouvain **relève de la mise en scène**. D'abord en reprenant le scénario de la visite des parents au musicien : même position de l'enfant dissimulé, mêmes préparatifs avant l'arrivée des visiteurs (la photographie prenant la place de la partition), même désir de montrer l'objet « sacré » tout en affirmant le contraire (« Je me souvins que c'étaient les mots que M. Vinteuil avait dits à mon père à propos du morceau de musique »). Ensuite, Mlle Vinteuil agence tout un dispositif d'accueil, déplace les sièges, se déplace elle-même, pour favoriser ce qu'elle attend de la rencontre. Son costume est précisément celui du grand deuil, pour accentuer la profanation. Elle veut fermer, ou feint de vouloir fermer la fenêtre, ce que son amie refuse, transformant la scène en spectacle. Elles ne fermeront que quand il n'y aura plus de doute pour le lecteur, pour sauver l'apparence de décence tout en laissant à l'imagination le soin de compléter. Les gestes et mimiques sont relatés avec une précision rare. Les paroles sont à peu près convenues à l'avance, comme des répliques de théâtre :

« Elle [Mlle Vinteuil] devina sans doute que son amie penserait qu'elle n'avait dit ces mots que pour la provoquer à lui répondre par certains autres qu'elle avait en effet le désir d'entendre, mais que par discrétion elle voulait lui laisser l'initiative de prononcer. »

« [...] ces mots qu'elle récita par bonté, comme un texte, qu'elle savait être agréable à Mlle Vinteuil, d'un ton qu'elle s'efforçait de rendre cynique [...] »

« Le cœur scrupuleux et sensible [de Mlle Vinteuil] ignorait quelles paroles devaient spontanément venir s'adapter à la scène que ses sens réclamaient. »

« "Mademoiselle me semble avoir des pensées bien lubriques, ce soir", finit-elle par dire, répétant sans doute une phrase qu'elle avait entendue autrefois dans la bouche de son amie » (pp. 272-273).

Le sadisme ainsi représenté a besoin d'un jeu de rôles, d'un côté spectaculaire, de rites, d'outrance : dans un autre registre, nous pouvions déjà percevoir un côté sadique dans l'attitude de Françoise insultant rituellement le poulet qu'elle tuait et la fille de cuisine à laquelle elle refusait son aide en lui débitant des proverbes.

Cette scène a choqué un certain nombre de lecteurs de *Du côté de chez Swann*, qui ont même suggéré à Proust de la retirer. Il refusa en expliquant que, si elle n'était pas indispensable à son premier volume, elle contenait **un effet d'annonce capital** pour certains volumes suivants (*La Prisonnière* et *Albertine disparue*). Et il est vrai qu'à la fin de *Sodome et Gomorrhe II*, juste avant le début de *La Prisonnière*, le héros, apprenant que sa quasi-fiancée Albertine connaît très intimement Mlle Vinteuil et son amie, se rappelle la scène de Montjouvain : ce souvenir entraîne un changement complet dans son comportement et dans l'orientation de l'intrigue. Il ne faut donc pas négliger cet épisode, que le héros ne semble pas très bien comprendre sur le coup : c'est à la fois le sommet de la progression des découvertes du côté de Méséglise, et une pierre d'attente indispensable à la construction générale de l'œuvre. Par ailleurs, si Proust a tenu à conserver ce passage et tous ceux qui le prolongeront par la suite, c'est aussi parce que le thème de l'homosexualité lui tient fortement à cœur. Il ne veut pas mettre en avant ses propres tendances, comme le faisait plus volontiers Gide, en les attribuant à son héros, dont les amours sont toujours tournées vers les jeunes filles ou les femmes. Il les transfère à d'autres personnages, que le héros considère avec effroi ou curiosité, selon les cas, mais toujours de l'extérieur. Le narrateur, qui a davantage l'expérience de la vie, cherche au contraire à expliquer, voire à excuser ces tendances, principalement en les associant à des qualités esthétiques. D'où le caractère apparemment tortueux des commentaires sur la vision de Montjouvain, et le transfert des faits d'homosexualité vers la notion de sadisme.

Le côté de Guermantes
(pages 277 à 300)

Les promenades
(pages 277 à 284)

RÉSUMÉ

Elles n'ont lieu que par beau temps assuré. On part par la rue des Perchamps, qui a été transformée depuis, mais subsiste telle quelle dans le souvenir du narrateur. On longe l'hôtellerie de l'Oiseau Flesché, on aperçoit le clocher de Saint-Hilaire, puis le parcours longe la Vivonne, jalonné d'objets tous riches en force évocatrice : les restes d'un château fort, les boutons d'or, les têtards, un nénufar voyageur, le son des cloches parvenu du lointain. Inaccessibles, mais situés dans la même direction, se trouvent les sources de la Vivonne et le château de Guermantes.

COMMENTAIRE

Les objets poétiques

Dès le début, **la poétisation caractérise les promenades de ce côté**. Françoise la première donne le ton, en comparant les nuages clairsemés à des chiens de mer. Chacun des lieux ou des objets rencontrés en chemin donne prise à la rêverie et à des rapprochements métaphoriques, toujours valorisants, avec l'art, l'histoire ou la légende : la rue des Perchamps, dont l'aspect a bien changé, conduit le narrateur à un travail intellectuel de restauration digne de l'école de Viollet-le-Duc, et lui procure une émotion du même ordre que des tableaux de Vinci ou de Bellini. La vieille hôtellerie rappelle ses hôtes illustres du Grand Siècle. Le clocher, vu de loin, ressemble à une personne occupée, tel un alchimiste, à transformer en or la beauté du jour. Les ruines enfouies dans l'herbe évoquent l'existence révolue du château de Combray et une « cité très différente » de la petite ville d'aujourd'hui. Les boutons d'or accumulent à leur surface de l'« inutile beauté », et évoquent les noms de princes de contes de fées français et asiatiques. Les carafes que les enfants plongent dans la Vivonne, à la fois contenant et contenu, et qui ont la même transparence que le liquide, forment une « allitération », nom d'une figure de style qui consiste à rappeler par une consonne d'un mot une consonne d'un mot voisin (comme la série de *c* dans la séquence : « **c**ontenant de **c**ristal li**qu**ide et **c**ourant »). Le mouvement de va-et-vient d'un nénufar imite celui des damnés de l'*Enfer* de Dante « dont le tourment singulier [...] se répète indéfiniment durant l'éternité ». Le jardin aquatique traversé manifeste un « goût japonais », ses nymphéas sont tantôt rougis comme des fraises, tantôt, plus pâles, amassés comme des roses mousseuses après une fête galante.

Le côté de Guermantes est aussi celui du mystère : on y rencontre un pêcheur, seul inconnu de tout Combray aux yeux du jeune héros, et une femme solitaire dont il imagine qu'elle s'est retirée là pour fuir un homme infidèle. Le terme ultime de ce côté, si lointain qu'il est inaccessible aux promeneurs, est aussi poétique que mystérieux. Il s'agit d'abord des sources de la Vivonne : le pluriel corrrespond à une réalité géographique, puisque le Loir a, à quelques kilomètres d'Illiers, une double source, l'une actuellement asséchée, et l'autre active, à Saint-Eman ; mais c'est aussi un pluriel d'ennoblissement, destiné à donner de l'importance au lieu, puisque l'enfant rapproche ces sources de l'entrée légendaire des Enfers (autre pluriel de majesté) dans l'Antiquité. Ce n'est que tout à la fin du roman qu'il découvrira qu'elles se réduisent à un lavoir carré. L'autre terme du même côté, le château du duc et de la duchesse de Guermantes, est surtout riche de l'étrangeté qui émane de ses habitants.

La duchesse de Guermantes
(pages 284 à 292)

RÉSUMÉ

De même que le château de Guermantes est pour lui une limite abstraite des promenades, l'enfant n'a des châtelains qu'une représentation immatérielle, esthétique et historique. Il imagine pourtant des parties de pêche avec la duchesse, lui-même se rêvant écrivain, mais étant encore dépourvu d'inspiration précise et ignorant des moyens d'y parvenir. Un jour il aperçoit la duchesse à l'église, pendant une messe de mariage ; il est déçu, par rapport aux images qu'il s'était faites d'elle, de voir qu'elle partage des traits physiques avec plusieurs personnes de sa connaissance. Cependant son imagination réintroduit dans la personne les grandeurs passées de sa famille et des beautés qu'il est seul à y voir. À deux reprises, le regard distrait et souriant de la duchesse tombe sur lui. Cela suffit pour qu'il l'aime et qu'elle lui apparaisse, à travers la lumière des vitraux, comme une vision éblouissante, reliée à des émotions artistiques.

COMMENTAIRE

Le nom de Guermantes

Avant de les avoir rencontrés, le héros ne connaît des châtelains que leur nom. C'est à partir de lui, et des différentes circonstances dans lesquelles il lui est précédemment apparu, qu'il se forge leur portrait imaginaire. Une comtesse de Guermantes figurant dans une tapisserie de l'église, il les voit en personnages de tapisserie ; un vitrail représentant leur ancêtre Gilbert le Mauvais, ils sont pour lui des personnages transparents et colorés de vitrail ; descendants de Geneviève de Brabant, ils sont une image impalpable et mobile comme celle de la lanterne magique. Enfin, comme Rimbaud attribuait des couleurs aux voyelles, l'enfant, par une même forme d'imagination phonétique, attribue à la syllabe « antes » qui termine leur nom une couleur orangée qu'il associe aux « temps mérovingiens » et au soleil couchant. Ainsi un nom propre n'est-il pas une simple étiquette neutre servant à désigner une personne (ou un lieu), **il possède une individualité faite de souvenirs, d'emplois déjà connus, et d'impressions nées de ses caractéristiques matérielles**. À l'imagination sur le nom s'ajoute celle qui porte sur les titres de noblesse. Les Guermantes sont duc et duchesse, comtes et suzerains de Combray : ils possèdent, du moins si l'on en revient aux conceptions féodales, la campagne et la ville, et s'identifient à elles et à leurs qualités particulières (les beaux après-midi ensoleillés de la campagne, « l'étrange et pieuse tristesse » de la ville). Notamment, c'est l'aspect aquatique des bords de la Vivonne qui entraîne la rêverie enfantine à imaginer des promenades au bord de l'eau avec la duchesse ; puis, un autre type d'association intervenant, celui de souvenirs de lectures d'un « écrivain préféré » (qui a toutes chances d'être le Flaubert de L'*Éducation sentimentale*), le héros se rêve futur écrivain, poète même, mais encore vainement en quête de sujets « d'une signification philosophique infinie ». De proche en proche, **le côté de Guermantes finit par devenir celui de la vocation littéraire**.

Imagination et réalité

C'est la duchesse qui est rencontrée la première. Elle sera d'ailleurs, dans la suite du roman, le personnage principal du couple ducal. Elle n'existe au départ que sous la forme de son nom, mais aussi d'une représentation dans un journal, dessinée ou photographiée en travesti, c'est-à-dire différente de la réalité. Les pages 287 à 292 du texte nous font suivre un mouvement de va-et-vient entre les deux représentations, l'imaginaire et la réelle, dans l'esprit du jeune garçon. Il n'est pas indifférent que cette première apparition ait lieu dans l'église, lieu symbolique par excellence de Combray, qui unit le passé au présent, qui contient les tombes des ancêtres des Guermantes, et dont les vitraux font subir aux objets, par les effets d'éclairage, des transformations magiques. La scène a lieu, de plus, au cours d'une cérémonie. La duchesse est donc particulièrement en situation de représentation (au sens mondain, et même théâtral, du terme). Comme lors de la première rencontre avec Gilberte Swann, l'apparition a lieu « tout d'un coup », dans un champ visuel limité, dégagé par le mouvement du suisse (comme cela était le cas à travers un interstice de la haie d'aubépines) ; la chapelle réservée nous rappelle les chapelles formées dans le raidillon par les arbustes. La reconnaissance n'a pas lieu, non plus, dès le premier instant (on aperçoit **une** fillette d'un blond roux, **une** dame blonde). La scène est, de même, sans échange verbal. Les signaux de communication ne sont donnés que par les regards de la duchesse et la contemplation de l'enfant : « ses regards flânaient çà et là [...] », « le vagabondage de ses regards », « je considérais sa vue comme éminemmment désirable », « je ne détachais pas ma vue d'elle », « aussi, ne pouvant émettre ces regards volontaires [...] mais seulement laisser ces pensées distraites s'échapper comme un flot de lumière bleue [...] », « je revois encore [...] le doux étonnement de ses yeux auxquels elle avait ajouté [...] un sourire un peu timide », « ce sourire tomba sur moi qui ne la quittais pas des yeux », « alors me rappelant ce regard [...] bleu comme un rayon de soleil », « et aussitôt je l'aimai, car s'il peut quelquefois sufire pour que nous aimions une femme qu'elle nous regarde avec mépris comme j'avais cru qu'avait fait Mlle Swann [...], quelquefois aussi il peut suffire qu'elle nous regarde avec bonté comme faisait Mme de Guermantes ». **Le parallélisme est frappant, et explicite à la fin, entre cette scène et celle de la rencontre avec Gilberte.** Dans les deux cas, l'image réelle de la personne ne correspond pas à l'image rêvée (Gilberte était surtout rêvée au préalable comme l'amie de Bergotte), mais il suffit d'un regard, quel que soit son signe, positif ou négatif, qui réponde à l'attitude contemplative du héros, pour qu'il tombe amoureux. Le voilà donc avec deux amours en tête, un de chaque « côté » : celui, déjà empreint de sensualité, de Gilberte, la fillette de son âge, et celui de la duchesse, inaccessible par son âge et sa situation sociale, et beaucoup plus imaginaire, historique et « littéraire ».

Quelle est donc la véritable nature de Mme de Guermantes ? Elle est « double sous le même nom », et comporte un être de chair à l'aspect quelque peu banal sur lequel l'enfant essaie d'appliquer, comme un disque sur un autre, un être de pure imagination. Le résultat pourrait en être la destruction du rêve par la réalité : « ma déception était grande », déclare le narrateur. Mais ce qui se produit en définitive est au contraire un renforcemement de l'image rêvée, **authentifiée** par les particularités matérielles du corps. Ces dernières restent à l'état de « croquis volontairement incomplet », de gages d'existence nécessaires et suffisants pour rattacher le personnage à la réalité empirique. L'essentiel pour le narrateur-écrivain, qui reprend l'attitude du héros-enfant, est ce qu'il apporte de pensée personnelle dans le portrait : « l'attention avec laquelle j'éclairais son visage l'isolait tellement [...] ». Attitude qui ne rejette pas la réalité physique perçue par les sens, mais **relève de l'idéalisme**, selon lequel le monde extérieur est une chose mentale. La suite du portrait de Mme de Guermantes prend l'allure d'un tableau qui l'isole des autres figurants, règle les éclairages, fait ressortir un détail du costume (la cravate mauve soyeuse et gonflée) et le sourire au centre du visage. Mais en même temps l'abondance des impressions lumineuses, les vitraux et l'allusion à Geneviève de Brabant nous ramènent au souvenir de la lanterne magique. La duchesse est animée de la même vie légendaire que l'héroïne des projections : « comme c'est bien une fière Guermantes, la descendante de Geneviève de Brabant, que j'ai devant moi ! » De la chambre à coucher à l'église, nous sommes passés de l'un des centres de Combray à l'autre, le tableau a pris de plus amples dimensions, l'humanité est plus largement représentée, mais **l'essentiel réside dans l'éclairage mental donné au spectacle**.

La « traduction » écrite et littéraire de cette attitude intellectuelle, ce sont tantôt les traits descriptifs dévalorisants, qui nous ramènent vers le platement humain : « un grand nez », « un petit bouton au coin du nez » ; tantôt et, en fin de compte, surtout les métaphores et comparaisons humanisant les regards (« retenus au visage par une corde si lâche, si longue, si extensible qu'ils peuvent se promener seuls loin de lui », « ses regards flânaient çà et là [...] comme un rayon de soleil [...], mais un rayon de soleil qui [...] me sembla conscient », etc.), ou magnifiant les couleurs (« les plates tombes [...] dorées et distendues comme des alvéoles de miel », les pensées distraites s'échappant « en un flot de lumière bleue », un regard « bleu comme un rayon de soleil qui aurait traversé le vitrail de Gilbert le Mauvais », « ses yeux bleuissaient comme une pervenche impossible à cueillir », le soleil donnait aux tapis « un velouté rose, un épiderme de lumière »). La phrase finale (pp. 291-292) fait entrer dans la description métaphorique des allusions aux arts de la musique (l'opéra de Wagner *Lohengrin*), de la peinture et de la poésie. **La duchesse, et avec elle tout le côté de Guermantes, symbolisent bien l'idéalisation et l'esthétisation de la réalité**.

Signes avant-coureurs de la vocation. Martinville
(pages 292 à 300)

RÉSUMÉ

Après cette apparition de la duchesse, l'enfant regrette de n'avoir pas de dispositions pour les lettres. Pourtant, un incident semble indiquer le contraire. Rentrant un jour de promenade dans la voiture à cheval du docteur Percepied, il aperçoit les deux clochers de Martinville, puis celui de Vieuxvicq qui semblent, du fait des virages de la route, modifier leurs positions respectives. Il en éprouve un « plaisir spécial », qu'il cherche vainement à comprendre. En repensant à eux, au lieu de les oublier immédiatement, il perçoit une partie de leur signification, et en éprouve une « sorte d'ivresse ». Il écrit aussitôt sur le siège de la voiture un petit texte, que le narrateur cite intégralement. Cette page relate le même événement, mais uniquement d'un point de vue poétique. L'enfant ressent un bonheur intense, accompagné d'un tel soulagement qu'il se met à chanter à tue-tête. Au retour, les beaux rêves du côté de Guermantes cèdent la place à la tristesse de devoir aller au lit sans y recevoir le bonsoir de la mère. Le narrateur adulte évoque les paysages des deux côtés de Combray comme les « gisements profonds de [son] sol mental », les seuls qui, avec le souvenir de sa mère, l'émeuvent encore.

Regrets sur l'absence de dons littéraires

C'est « depuis ce jour », celui de la première apparition de Mme de Guermantes et de la révélation de sa double nature, que ces regrets s'emparent du héros. Il y a donc un **lien** entre cette découverte d'ordre philosophique (il existe une double réalité que certaines circonstances nous font apercevoir) et son désir d'écrire, même s'il n'est pas réalisable actuellement. Les pages 292 et 293 forment une courte méditation sur l'orientation nouvelle du héros, qui l'éloigne de ses velléités d'imiter Bergotte. Il cesse de penser aux activités étiquetées comme spécifiquement « littéraires », telles les vers et les romans, mais se tourne vers des « choses de la vie » : perception d'un toit, d'un reflet de soleil, de l'odeur d'un chemin, objets sans valeur, sans vérité abstraite, mais qui sont pour lui les **signes d'autre chose qui reste caché**. Il se livre, pour les comprendre, à des efforts qui nous rappellent ceux, restés sans résultat, du narrateur adulte consommant la petite madeleine. Il éprouve le même plaisir, et l'« illusion d'une sorte de fécondité ». Ne pouvant aller plus loin dans l'analyse de ces perceptions, il se contente de les conserver dans le souvenir, protégées par un « revêtement d'images » (c'est-à-dire de métaphores et de comparaisons isolées) mais, avec le temps, la réalité qu'elles recouvrent meurt : cette activité de pur collectionneur d'impressions est stérile. « Une fois pourtant » il approfondit « un peu » (ce qui annonce pour plus tard d'autres approfondissements plus complets) une de ces impressions.

Pourquoi une double description des clochers ?

La première description, due au narrateur, nous explique le mécanisme du phénomène, **physique** d'abord (l'illusion d'optique due au déplacement sur la route en lacets), puis **psychologique** : un plaisir « spécial » surgit « tout à coup », comme pour la madeleine, comme aussi se sont produites les apparitions de Mlle Swann et de Mme de Guermantes ; les événements importants de la vie du héros sont placés sous le **signe de la surprise et de l'involontaire**. L'origine du plaisir est située dans le mouvement des clochers et dans leur éclairage : il faut donc pour l'éprouver que le monde extérieur perde de sa stabilité, et que le spectacle reçoive une illumination spéciale (ici, celle du soleil couchant, tandis que Mme de Guermantes était éclairée par les vitraux de l'église). L'enfant est d'abord tenté d'abandonner la recherche du sens enfermé dans les clochers, comme il le fait habituellement pour les autres impressions exaltantes, comme il l'a fait près de Montjouvain en criant « zut, zut, zut, zut ! » et en libérant son émotion à coups de parapluie. Puis, sous l'effet de la solitude (le cocher n'entretenant pas la conversation) et de la concentration, le secret se laisse « un peu » percer ; c'est surtout son résultat qui nous est donné : une pensée « qui se formula en mots dans ma tête », « quelque chose d'analogue à une jolie phrase » qui pousse impérieusement l'enfant à écrire, un plaisir qui atteint l'ivresse et le besoin de soulagement. On ne saurait dire plus fortement qu'il s'agit d'une **pulsion profonde et liée au corps**.

L'autre description, citée entre guillemets, est attribuée à l'enfant, qui l'a écrite sur-le-champ. Cette citation est, bien sûr, une fiction sans vraisemblance, car le style n'a rien d'enfantin, et Proust a même emprunté ce texte, pour l'essentiel, à un article qu'il avait fait paraître dans *Le Figaro* du 19 novembre 1907 (à l'âge de trente-six ans), « Impressions de route en automobile », où il évoquait les déplacements réciproques des clochers de la ville de Caen aperçus au cours d'un trajet sur les routes sinueuses des environs. Elle est censée reproduire les impressions du promeneur, mais en fait elle construit une **description non réaliste et poétique**. Les personnages autres que le descripteur* ont disparu, ou du moins sont englobés avec lui dans un « nous » imprécis. La poétisation s'effectue donc dans la solitude. L'explication physique ou psychologique des impressions n'est pas donnée. Le texte repose uniquement sur la **transformation des objets par l'imagination**, au moyen de nombreuses comparaisons et métaphores associées entre elles : les clochers deviennent des cavaliers (« volte hardie »), trois oiseaux, des êtres humains (« jouer et sourire », « agiter en signe d'adieu »), des animaux emballés (« ils s'étaient jetés si rudement au-devant d'elle »), trois pivots d'or, trois fleurs peintes, trois jeunes filles d'une légende (qui nous rappellent Geneviève de Brabant). Cela s'accomplit dans la vitesse, avec des mouvements de volte, de ruée, de trébuchement, d'apparition et d'effacement, dans une lumière déclinante : il faut, nous suggére l'auteur, ébranler la réalité et la prendre à contre-jour pour faire surgir la poésie. Nous remarquons en outre de nombreux effets de style rythmiques : rythmes ternaires syntaxico-intonationnels*, faisant avancer les phrases en trois temps (« Seuls,/ s'élevant du niveau de la plaine et comme perdus en rase campagne,/ montaient vers le ciel les deux clochers de Martinville »), rythmes syllabiques qui font retrouver à la lecture les dimensions et les coupes des vers traditionnels, ou des groupes de même dimension (isométries*) :

« Seuls, s'élevant du niveau de la plaine	10
et comm[e] perdus en ras[e] campagne	8
montaient vers le ciel	
les deux clochers de Martinville »	8
« [...] ils virèrent dans la lumière	8
comme trois pivots d'or	6
et disparurent à mes yeux. »	8
« [je les vis]	
ne plus fair[e]/ sur le ciel / encor[e] rose	3-3-3
qu'une seul[e] forme noir[e] charmante et résignée »	12

La double description des clochers se justifie ainsi par la démonstration qui la sous-tend. La page d'écriture citée textuellement par le narrateur, bien des années après sa rédaction, a valeur de premier témoignage de la vocation littéraire du héros et de première illustration des principes qui sont ceux de l'auteur : **solitude de l'activité poétique, ébranlement de la réalité familière, reconstruction du monde par la métaphorisation généralisée, création de fantasmes à la fois attirants** (les signaux d'appel, les jeunes filles) **et inquiétants** (« abandonnées dans une solitude »). Nous retrouvons ces principes, sous une forme plus ouvertement théorique, dans *Le Temps retrouvé*, au moment où le héros, ayant reconnu pleinement sa vocation, pose les bases du livre qu'il écrira sur sa vie. L'enfant chantant à tue-tête « comme si j'avais été moi-même une poule et si je venais de pondre un œuf » symbolise encore le plaisir **intense**, du même ordre que le plaisir de la fécondité, qui acccompagne l'écriture : celle-ci est ressentie comme un besoin, un soulagement et un accroissement d'être.

Retour au dormeur éveillé
(pages 300 à 302)

RÉSUMÉ

Le récit revient à son point de départ, celui du narrateur se rappelant ses insomnies et les souvenirs qui les meublaient, puis, « par association de souvenirs », il annonce le récit d'un amour que Swann a eu jadis. À l'approche du matin, le dormeur s'éveillant retrouve des certitudes sur le lieu où il se trouve, mais les premières lueurs du jour lui prouvent qu'il s'est encore trompé et remettent tous les objets de la chambre à leur véritable place.

COMMENTAIRE

Cette page de conclusion sert de transition vers « Un Amour de Swann », explique assez arbitrairement ce retour en arrière jusqu'à une époque où le narrateur n'était pas même né (ainsi cette deuxième partie de *Du côté de chez Swann* sera-t-elle faite de souvenirs au second degré puisqu'ils lui ont été eux-mêmes racontés), et rappelle au lecteur l'état de confusion mentale qui est à l'origine du récit principal : de même que la page des clochers de Martinville est née d'un tourbillonnement du paysage, **l'ensemble d'*À la recherche du temps perdu* naît des flottements du demi-sommeil et des erreurs des sens** ; il ne faut donc pas y chercher des certitudes claires, l'histoire exacte d'une vie, mais des reconstitutions très individuelles tirées de la pénombre.

Synthèse littéraire

QUEL TYPE DE ROMAN ?

Un roman d'enfance ?

Détaché de son contexte, « Combray » se présente comme le récit d'une enfance. En cela il se rattache à une **tradition autobiographique** remontant à Rousseau (on se rappellera le début des *Confessions*), illustrée par la suite dans les *Mémoires d'outre-tombe* de Chateaubriand et dans de nombreux romans comme *Le Petit chose* d'Alphonse Daudet, *Sans famille* d'Hector Malot, *l'Enfant* de Jules Vallès, *Poil de Carotte* de Jules Renard, *Le Roman d'un enfant* de Pierre Loti, et, à une époque proche de la nôtre, par *La Pharisienne* et *Le Sagouin* de François Mauriac, ou par *Vipère au poing* d'Hervé Bazin. Peu avant Proust, et dans une veine qui l'a sans nul doute inspiré, des romans et nouvelles de Henri de Régnier (ainsi *Le Trèfle blanc*, 1899) évoquent des vacances oisives dans un cadre familial et l'éveil de la sensualité. Dans cette perspective, l'originalité de « Combray » serait d'insister sur le nervosisme du jeune héros, sur son atttachement à sa mère, sur sa capacité de poétiser le monde qui l'entoure, sur son humour. Il possède au plus haut point l'esprit d'enfance : sa perception du monde est totalement égocentrique, partagée entre l'ignorance et la naïveté ; ses impulsions, notamment à l'égard de sa mère, sont toujours les plus fortes ; ses jugements sont rapportés avec amusement par le narrateur adulte, qui les corrige ou annonce qu'il devra les rectifier plus tard.

On a reconnu dans le paysage de Combray de nombreux traits d'Illiers, où Proust enfant passait ses vacances ; la Vivonne est le Loir, qui traverse la ville ; divers noms de lieux réels ont été empruntés pour le roman, tels quels ou à peine modifiés (Méséglise, Montjouvain, Roussainville, Vieuxvicq, Mirougrain, rue du Saint-Esprit, le Pont-Vieux) ; le parc de Swann est inspiré du jardin du Pré Catelan, qui appartenait à l'un des oncles de Proust. On visite aujourd'hui, dans cet Illiers devenu officiellement Illiers-Combray, la « maison de tante Léonie » (en réalité une tante Elisabeth), avec sa chambre sur rue où vivait la malade, son petit jardin, l'ancien cabinet de repos et la petite porte sur la rue ; on peut y voir le cabinet sentant l'iris, une vieille lanterne magique avec ses plaques de verre. Bref, tout ce qui contribue à favoriser une perception biographique du roman. La Société des Amis de Marcel Proust et des Amis de Combray organise des conférences, des expositions, un « pélerinage » annuel au raidillon des aubépines, et entretient un lien étroit entre les lieux, le souvenir des personnes et la littérature.

Mais cette orientation autobiographique de la lecture, pour intéressante qu'elle soit, doit être fortement redressée, si l'on compare « Combray » à la biographie réelle de l'écrivain. D'abord, la ville fictive emprunte divers éléments à des lieux autres qu'Illiers : ainsi, certaines parties du jardin de la tante proviennent d'une propriété qu'un autre oncle possédait à Auteuil (sur l'emplacement de l'actuelle rue La Fontaine à Paris). L'église de Combray voit ajouter à la simplicité rustique de celle d'Illiers de riches vitraux inspirés, entre autres, par ceux de la cathédrale d'Évreux et de la Sainte-Chapelle. La ville elle-même, située d'abord par l'écrivain près de Chartres, comme Illiers, est transférée plus tard entre Reims et Laon. La famille subit des modifications : Marcel Proust avait un jeune frère, Robert, dont le roman ne garde pas la trace. Le père du héros-narrateur n'est que faiblement évoqué, et l'on ignore jusqu'à son activité professionnelle. En revanche, la mère de l'écrivain fournit les deux personnages distincts de la mère et de la grand-mère. Françoise est tirée des diverses domestiques que Proust a connues dans sa vie. Tout ce qui touche à la vie scolaire de l'enfant, à l'exception de quelques allusions à propos de Bloch ou du goût pour le théâtre, est éliminé. **Le vécu réel a donc été modifié ou tronqué**. Nous avons pu également déceler, dans les commentaires de détail, diverses invraisemblances chronologiques ou logiques qui rendent le récit incompatible avec l'exactitude biographique.

En réalité, le récit commence à l'âge adulte du héros, et poursuit sur cette voie pendant quelques pages, jusqu'à l'épisode de la lanterne magique. Il y revient plus loin avec l'épisode de la madeleine, qui nous ramène à l'enfance. Les dernières pages nous renvoient encore aux réveils de l'adulte. Ces points d'appui fondamentaux situés hors de l'enfance nous font apparaître celle-ci comme **une période destinée à introduire une autre existence**, dont apparaissent déjà des signes avant-coureurs dans l'éveil de l'amour et de la sensualité, les goûts littéraires, les remarques sur la société, les réflexions sur le temps et la mémoire. L'enfance ne constitue qu'une petite partie de la vie racontée du héros : capitale certes, puisqu'on y voit se dessiner son milieu d'origine, et ses grandes tendances physiques et psychologiques, mais ces dernières n'y existent encore qu'en germes. C'est un univers géographique plus vaste, une société infiniment plus nombreuse et différente, des problèmes humains d'un type nouveau qui sont abordés par la suite. Le roman d'enfance est un brillant appât, qui a sa valeur comme tel, mais débouche sur tout autre chose. Dès la première page de la partie suivante, « Un Amour de Swann », on est plongé sans transition dans un roman social (au sens de : décrivant la vie de société), qui est en même temps un roman d'amour. Ce n'est qu'après cette partie que le lecteur retrouve son jeune héros à l'époque des jeux et des émois de l'adolescence. Il faut donc élargir notre point de vue de lecteurs, pressentir quelque chose au-delà de l'horizon pour saisir tout l'intérêt de « Combray ».

Un roman poétique ?

On peut aussi rattacher « Combray » à une autre tradition romanesque, bien représentée à l'époque de Proust, celle du roman poétique. Se rattachant à des œuvres comme celle de Nerval faisant une large place au rêve dans la vie même (*Sylvie*), à celle de Baudelaire percevant derrière le monde empirique une mystérieuse réalité cachée, elle s'est fortement développée au moment du symbolisme, à la fin des années 1880. Des romanciers contemporains, tel Maeterlinck (auteur de livres sur la vie mystérieuse de la nature, comme *La Vie des abeilles*, 1901 ; *Le Temple enseveli*, 1902 ; *Le Double jardin*, 1904 ; et d'œuvres théâtrales comme *Pelléas et Mélisande*, 1892, ranimant de vieilles légendes médiévales) ou tel Henri de Régnier, romancier et poète évoquant la vie cachée des vieilles maisons et des jardins (*La Double maîtresse*, 1900 ; *Le Passé vivant*, 1905), ont beaucoup influencé Proust à ses débuts. Sa lecture assidue de Ruskin pendant plusieurs années l'a entraîné à mettre sans cesse en rapport la nature et les œuvres d'art (ainsi que le fait la grand-mère du roman). N'oublions pas non plus que 1913, année de la première publication de *Du côté de chez Swann*, est aussi l'année de celle du *Grand Meaulnes* d'Alain-Fournier, roman poétique par excellence.

La mémoire involontaire, seule capable de ressusciter Combray, est, contrairement à la mémoire volontaire et rationnelle, une **mémoire poétique**, qui fait reparaître le passé de façon imprévisible à partir de sensations, à la manière des **synesthésies baudelairiennes**. Les moments ainsi ramenés au jour sont une réalité idéalisée, un équivalent esthétique du passé réel. Les objets remémorés valent surtout comme stimulants de la rêverie : que ce soit la lanterne magique, la maison, le jardin, l'église de Combray, les rues, les fleurs, les personnages et leur comportement, tous font appel à un au-delà d'eux-mêmes. **La réalité du monde est donc double** : elle combine une **réalité empirique** directe qui authentifie les sensations, leur confère ce que Proust appelle une « épaisseur », et une **réalité cachée**, révélée par le souvenir involontaire ou restant à découvrir par le héros-narrateur. Voici comment le héros adulte, dans le *Temps retrouvé*, analyse après coup les diverses expériences de mémoire qu'il a connues dans sa vie :

« Un expédient merveilleux de la nature [...] avait fait miroiter une sensation [...] à la fois dans le passé, ce qui permettait à mon imagination de la goûter, et dans le présent où l'ébranlement effectif de mes sens [...] avait ajouté aux rêves de l'imagination ce dont ils sont habituellement dépourvus, l'idée d'existence. »

Les deux formes de la réalité lui sont également indispensables, mais la réalité cachée des choses, perceptible essentiellement par l'imagination, l'entraîne du côté de la poésie. Aussi comprend-on les hésitations que l'écrivain manifesta, au début, pour définir son œuvre. Au moment de commencer *Jean Santeuil*, sa première tentative romanesque, il s'interrogeait sur le genre dans lequel il devait le classer, et employait des termes valables aussi bien pour le genre lyrique que pour le roman : « Puis-je appeler ce livre un roman ? C'est moins peut-être et bien plus, l'essence même de ma vie, recueillie sans y rien mêler, dans ces heures de déchirure où elle découle. Ce livre n'a jamais été fait, il a été récolté. »

En 1908, au moment où il reprend son projet de grand ouvrage, il flotte encore entre **roman, poésie et étude philosophique**, comme l'indiquent ces notes de carnet, et se réfère aux exemples de Baudelaire et de Nerval, qui en ont fait autant : « La paresse ou le doute ou l'impuissance se réfugient dans l'incertitude sur la forme d'art. Faut-il en faire un roman, une étude philosophique, suis-je romancier ? [...] Ce qui me console c'est que Baudelaire a fait les *Poèmes en prose* et *Les Fleurs du mal* sur les mêmes sujets, que Gérard de Nerval a fait en une pièce de vers et dans un passage de *Sylvie* le même château Louis XIII [...] »

Le roman proustien est, en fait, un combiné de ces différents genres. La poétisation y tient une large part, que ce soit dans le regard émerveillé que le héros porte sur le monde de son enfance, dans son goût plusieurs fois manifesté pour les vieilles légendes (âmes des choses enfermées dans des arbres, histoire de Geneviève de Brabant, origines de la famille de Guermantes), dans des thèmes traditionnellement développés dans les poèmes (comme les saisons, le temps qu'il fait, le souvenir, l'amour filial et maternel), dans la personnification de très nombreux objets (le mobilier des chambres, l'église de Combray, les chambres de tante Léonie, leurs odeurs, les fleurs, la pluie), dans l'animation de parties ou de fonctions du corps, notamment les regards, accédant par là à une personnalité mystérieuse, dans l'emploi permanent des métaphores, dans le rapprochement des mots par leurs sonorités, dans l'imitation pour certaines phrases des mesures rythmiques de la poésie versifiée. Cette poésie n'est pas réservée au héros-narrateur : il la trouve imprégnant les romans de Bergotte, qu'il admire, avec « les expressions rares, presque archaïques qu'il aimait employer à certains moments où un flot caché d'harmonie, un prélude intérieur soulevait son style » (p. 197), avec leurs images, leur propension au sublime (la vanité des apparences, les tourments de l'amour, les cathédrales, l'idéalisme), leurs invocations lyriques, leurs effluves retenus « qui dans ses premiers ouvrages restaient intérieurs à sa prose, décelés seulement par les ondulations de la surface, plus douces peut-être encore, plus harmonieuses quand elles étaient ainsi voilées et qu'on n'aurait pu indiquer d'une manière précise où naissait, où expirait leur murmure » (p. 198). À un degré moins noble, et plus suspect d'ironie de la part du narrateur, Legrandin, l'ingénieur-poète, se répand en effusions lyriques chaque fois qu'il adresse la parole au jeune garçon ou à ses parents, vantant son propre idéalisme, la pureté de cœur de l'enfance, les charmes de la campagne et les sauvages beautés des paysages de Balbec. « Combray » recèle de nombreux trésors de poésie, en déborde même, car celle-ci est souvent liée à l'esprit d'enfance qui transfère aisément sa subjectivité sur le monde extérieur. À mesure que le personnage principal grandit, elle fera davantage place, sans jamais disparaître, au commentaire, à l'analyse psychologique, à la généralisation. *À l'ombre des jeunes filles en fleurs*, roman de l'adolescence, baigne encore en pleine poésie parce que le garçon y découvre la mer, les jeunes filles, les premières émotions amoureuses, l'art d'un peintre. C'est dans *Le Côté de Guermantes* que se produit un renversement progressif d'orientation : le héros est d'abord ébloui par les prestiges imaginaires qu'il prête à la famille des Guermantes et à l'aristocratie. Mais lorsqu'il réussit enfin à se faire inviter dans les salons en vue, il est déçu par la banalité profonde de la vie mondaine. C'est dans cette partie aussi qu'en perdant sa grand-mère, il fait l'expérience de la maladie et de la mort. Dès lors, la poésie devient plus rare et plus grave dans le récit, elle perd sa naïveté première, elle s'associe plus souvent au pessimisme qu'à l'enthousiasme.

Un roman philosophique

Dans la note de carnet de 1908 citée plus haut, Proust se demandait si son ouvrage n'était pas aussi une étude philosophique. Il le confirme en 1913, dans une interview – très probablement rédigée d'avance par lui-même – au *Temps*, à la veille de la publication du premier volume. Il explique que son ouvrage en plusieurs parties forme un ensemble qu'il aurait voulu ne pas dissocier, parce qu'il traite du temps, de la vie de l'esprit dans le temps et que, pour cela, il est nécessaire de raconter une longue histoire : « Vous savez qu'il y a une géométrie plane et une géométrie dans l'espace. Eh bien, **pour moi, le roman ce n'est pas seulement de la psychologie plane, mais de la psychologie dans le temps.** Cette substance invisible du temps, j'ai tâché de l'isoler, mais pour cela il fallait que l'expérience pût durer. J'espère qu'à la fin de mon livre, tel petit fait social sans importance, tel mariage entre deux personnes qui dans le premier volume appartiennent à des mondes bien différents, indiquera que du temps a passé et prendra cette beauté de certains plombs patinés de Versailles, que le temps a engaînés dans un fourreau d'émeraude. »

Il ajoute que les changements n'affectent pas seulement les relations entre les personnages, mais aussi les individus eux-mêmes, souvent à leur insu, de sorte que son livre formerait une « **suite de romans de l'inconscient** », autre aspect de sa philosophie. Mais il se défend d'avoir fait une sorte d'application romanesque des théories de Bergson sur la mémoire. Il veut lui-même dissimuler ses propres théories, et donne la suprématie à la sensibilité sur l'intelligence : « Si je me permets de raisonner ainsi sur mon livre [...], c'est qu'il n'est à aucun degré une œuvre de raisonnement, c'est que ses moindres éléments m'ont été fournis par ma sensibilité, que je les ai d'abord perçus au fond de moi-même, sans les comprendre, ayant autant de peine à les convertir en quelque chose d'intelligible que s'ils avaient été aussi étrangers au monde de l'intelligence que, comment dire ? un motif musical. »

Nourri par une réflexion sur le temps, philosophique, le roman proustien l'est aussi par sa **conception de la réalité : son idéalisme**, à travers le symbolisme, Baudelaire et Nerval, et à travers des lectures germaniques comme *Le Monde comme volonté et comme représentation*, de Schopenhauer (1819, traduit en français en 1888), prend ses racines lointaines dans l'idéalisme allemand du début du XIXᵉ siècle, qui a nourri le romantisme européen. Il ne faut oublier que Proust, qui avait déjà pris des leçons particulières de philosophie auprès de son professeur de lycée Alphonse Darlu, suivit à la Sorbonne un enseignement de licence de philosophie. Outre cet enseignement de philosophie générale et d'esthétique, Proust s'imprégna des travaux de psychologie, nombreux à l'époque de sa formation, traitant du sommeil, du rêve, des maladies nerveuses.

Enfin, il associe son style d'écrivain à sa conception du monde, refusant d'en faire un élément surajouté, mais le considérant comme essentiel et issu des profondeurs mêmes de la personnalité : « Le style n'est nullement un enjolivement comme le croient certaines personnes, ce n'est même pas une question de technique, c'est – comme la couleur chez les peintres – **une qualité de la vision, la révélation de l'univers particulier que chacun de nous voit, et que ne voient pas les autres.** »

La philosophie proustienne, qui n'apparaît jamais directement dans le roman mais qui le nourrit en profondeur, est donc orientée, du moins dans « Combray », vers les questions du temps, de la conscience et de la personnalité. Mais d'autres questions, comme l'amour, la vie en société, la création artistique, le langage, se trouvent déjà esquissées et connaîtront plus tard leur riche illustration romanesque.

LE TEMPS ET LA MÉMOIRE

L'immersion dans le temps

L'ensemble de la *Recherche* ne baigne pas seulement dans le temps, comme le font toutes les histoires, et ne repose pas seulement sur des changements dans les personnages et les situations ; il souligne lui-même la place primordiale et la vaste étendue du temps. La toute première phrase de « Combray » (« Longtemps, je me suis couché de bonne heure ») renvoie d'emblée le lecteur à une époque éloignée et durable, et situe les premiers faits relatés le soir, dans une chronologie de la journée. Comme pour lui répondre, le dernier paragraphe de cette partie reprend le mot « longtemps », et referme sur le lever du jour la série des souvenirs d'enfance : « Certes quand approchait le matin, il y avait bien longtemps qu'était dissipée la brève incertitude de mon réveil. » Mais bien plus significative encore, la toute dernière phrase du *Temps retrouvé* clôt, sur l'image d'un Temps largement dilaté (affecté d'une majuscule symbolique), le roman tout entier : « Du moins, si [la force] m'était laissée assez longtemps pour accomplir mon œuvre, ne manquerais-je pas d'abord d'y décrire les hommes (cela dût-il les faire ressembler à des êtres monstrueux) comme occupant une place si considérable, à côté de celle si restreinte qui leur est réservée dans l'espace, une place au contraire prolongée sans mesure – puisqu'ils touchent simultanément comme des géants plongés dans les années, à des époques si distantes, entre lesquelles tant de jours sont venus se placer – dans le Temps. »

Un nouveau « longtemps » est cette fois tourné vers l'avenir du héros transformé en écrivain, l'espace chronologique nécessaire au développement de ses personnages est élargi « sans mesure », et justifie du même coup, rétrospectivement, la dimension exceptionnelle qu'a prise en définitive le roman qui s'achève.

Le temps proustien n'est pas un simple cadre. Il se développe à partir de trois points d'ancrage : le **narrateur principal** qui écrit des souvenirs au passé et les commente au présent ; un **narrateur intermédiaire**, déjà adulte, représenté au début se couchant de bonne heure, et se souvenant, ou, plus tardivement, consommant la madeleine offerte par sa mère ; enfin **le héros**, encore enfant dans « Combray », et dont l'histoire est remémorée par le narrateur intermédiaire. Aux effets quasi mécaniques de ce système à deux étages qui produit une impression d'approfondissement du passé, s'ajoutent des effets psychologiques d'interférence entre ces trois niveaux : la notion du temps, et la manière de le vivre, ne peuvent être les mêmes pour l'enfant et pour l'adulte. Le temps est aussi un espace intersubjectif.

Le temps subjectif

On ne peut dire qu'il est entièrement tourné vers le passé, sous prétexte que le narrateur principal rappelle et commente ses souvenirs. La vie de l'enfant a souvent la fraîcheur des découvertes, et manifeste son désir de les comprendre : les rencontres au cours des promenades, les mille et un aspects du clocher de Combray, les attitudes de Legrandin, celles de Mlle Vinteuil et son amie, le premier contact avec Mlle Swann, sont autant de surprises ou d'interrrogations dont les réponses sont encore à venir. Ses lectures et ses rêveries font qu'il désire rencontrer Bergotte et la duchesse de Guermantes, aller au théâtre. Il est, à vrai dire, pris entre une tendance régressive, qui le fait s'attacher indéfectiblement à sa mère et à sa grand-mère, dans un retour aux sources du temps, et l'évolution qu'appelle sa croissance. Son aspiration, confuse mais insistante, vers la littérature ébauche l'histoire de sa vocation. D'autre part le temps, dans son rapport avec la subjectivité, exerce deux actions inverses. C'est le **temps de l'oubli**, de la destruction d'une partie de soi, tel que le vit d'abord le narrateur intermédiaire dans les premières pages et dans l'épisode de la madeleine. Mais c'est aussi le **temps retrouvé** grâce au souvenir involontaire, qui apporte joie, connaissance et sentiment de puissance.

Le temps proustien n'est guère linéaire, ni précis. Nous avons vu à plusieurs reprises combien il était difficile de dater les faits dans la vie du garçon, et relativement les uns aux autres : Proust ne craint pas l'incohérence. L'épisode de l'oncle Adolphe est exemplaire à cet égard. En effet, d'une part, les faits et événements du passé sont rappelés au personnage par la mémoire involontaire, qui est une mémoire affective, indépendante du calendrier et régie par des associations souvent irrationnelles. Ainsi sont regroupés autour de l'oncle Adolphe des faits qui ont appartenu à des époques différentes. D'autre part, l'ordre du récit dans « Combray » est de type systématique et non pas chronologique : avant les promenades, « Combray II » s'organise par « chapitres » selon les moments des journées : les matinées du dimanche (pp. 146-172), les après-midi du dimanche (pp. 172-215), l'exception régulière des samedis (pp. 215-225), les soirées du dimanche (pp. 225-241) ; de plus, les jours choisis par le narrateur sont justement des jours rituels, avec la messe du dimanche et le marché du samedi. Ces cycles « journaliers » se combinent à un cycle annuel, puisqu'on arrive à Combray à Pâques, qu'on assiste au mois de Marie en mai, que les lectures dans le jardin et les promenades ont lieu l'été, et qu'on y revient un automne à l'occasion de la mort de la tante. Ensuite, après avoir distingué les deux directions des promenades comme des univers aux antipodes l'un de l'autre, Proust regroupe tous les récits dont l'action se situe du côté de Méséglise, puis tous ceux qui touchent au côté de Guermantes ou à la personne des Guermantes (comme le mariage de Mlle Percepied). Le temps de Combray est un **temps cyclique et répétitif**. C'est pourquoi la plus grande partie du récit utilise l'imparfait dit « de répétition » ou « de durée », et qu'on a pu qualifier cette forme de récit, qui raconte en une seule fois des faits qui se sont produits plusieurs fois, de « **récit itératif** » (du verbe latin *iterare*, « recommencer »). Même les conversations chez tante Léonie, qui pourtant ne devraient jamais être les mêmes, sont racontées de cette manière. Sur ce fond permanent tranchent certains événements particuliers. Le temps de conjugaison dominant alors est le passé simple, forme verbale qui sert à classer un fait ou un état à un moment du temps, en le mettant à bonne distance, alors que l'imparfait (sorte de présent du passé), nous plonge dans le déroulement d'un acte, d'une série d'actes identiques, ou dans la permanence d'une situation. La prédominance de l'**imparfait itératif** donne de Combray une image de grande stabilité, de monde immobile et fermé sur lui-même. L'exemple le plus caractéristique du temps cyclique est celui du train-train de la tante Léonie, indéfiniment répété au fil des heures et des jours, et que le passage dans la rue d'une personne ou d'un chien « qu'on ne connaissait point » suffit à dérégler.

Mais le temps peut connaître aussi une grande élasticité. Le récit peut s'arrêter sur les quelques événements marquants et leur accorder un développement important. Ce qu'il présente encore plus souvent, c'est le retour en arrière ou l'anticipation : retours fondamentaux au cours des nuits d'insomnie ou dans l'épisode de la madeleine ; retours sur le passé de Swann et sur sa généalogie ; retours sur plusieurs années à propos de l'oncle Adolphe ; projections vers le présent du narrateur principal, qui se souvient encore de ses sanglots après la scène du baiser refusé (p. 133), ou de l'église de Combray (p. 167) ; anticipation de la scène de Montjouvain, qui n'eut lieu, par rapport au récit principal, que « quelques années plus tard » (p. 270).

Un des aspects que prend le temps, lorsqu'il agit sur le psychisme humain, est l'habitude. Dans la longue énumération des chambres remémorées (p. 101), Proust en fait une sorte de génie intérieur au héros, qui le délivre des souffrances causées par les objets nouveaux. Tante Léonie subit, de façon certes plus caricaturale, les mêmes tracas dès qu'est rompu son rythme habituel de vie. Tous deux ont besoin de stabilité. Le temps leur fait apprécier l'usure qu'il provoque en toute chose, y compris en eux-mêmes. Derrière ce **temps protecteur qu'est l'habitude** se cache une autre figure, celle de la mère et du sein maternel : elle est très perceptible dans l'image du nid qui se superpose à celle des chambres ; elle reparaît sous une autre forme quand, dans *À l'ombre des jeunes filles en fleurs*, le héros souffre dans sa nouvelle chambre de Balbec, qui est précisément la petite chambre en forme de pyramide remémorée au début de « Combray » : ce n'est pas, cette fois, l'action de l'habitude qui apporte le soulagement, mais l'arrivée de la grand-mère. Habitude ou grand-mère (autre visage de la mère), toutes deux sont ressenties comme une protection contre la nouveauté, contre la rupture d'un état initial bénéfique.

La mémoire involontaire est aussi une victoire contre un présent pénible. Elle se déclenche « un jour d'hiver » et de froid, par une « morne journée », et fait basculer le personnage dans l'euphorie. Mais elle n'agit pas, comme le ferait l'habitude, à la manière d'un cocon de temps protecteur. Elle représente, à partir d'une sensation « presque impalpable », un brusque court-circuit entre le passé et le présent, d'où jaillit, comme une étincelle participant des deux, **un moment d'éternité qui les domine**. Il en naît une puissante impression de joie, de victoire sur le temps de l'oubli et de la destruction. C'est à partir d'expériences de ce type, rares mais éblouissantes, que le héros, en fin de compte, voudra entreprendre de ressusciter son passé.

CONSCIENCE, INTROSPECTION, DÉVOILEMENT

Le regard sur soi et sur les choses

« Combray » apparaît comme un **roman de la conscience**, de la connaissance intime de soi et des autres. Tout le contenu du récit passe par la conscience du narrateur général. C'est elle qui sélectionne les souvenirs, les assemble selon un ordre qui lui est propre, et leur fournit au moins un début d'interprétation. Mais le héros lui-même est déjà, à un autre niveau, un être conscient, au regard seulement plus neuf. Une relation s'instaure entre les deux : l'enfant a déjà connaissance de son hypersensibilité, de son attachement démesuré à sa mère, éprouve des remords dans certaines circonstances, perçoit l'éveil de sa sensualité, découvre l'existence de mystères et se pose des questions ; le narrateur donne les explications, ou bien oriente la lecture vers un approfondissement ultérieur, ou encore passe au stade de la généralité. Mais ce schéma est encore un peu trop simpliste, car l'enfant a des éclairs de lucidité et l'adulte n'éclaircit pas tout. Il paraît plus juste de distinguer dans « Combray » une conscience floue et une conscience aiguë.

L'intuition tâtonnante

La **conscience floue** est, narrativement, première, et même englobante, puisque le récit commence et s'achève sur les incertitudes et les erreurs du demi-sommeil, les « évocations tournoyantes et confuses » de la mémoire, les fausses reconnaissances de la « mémoire du corps ». Lorsque, au réveil, les souvenirs s'éclaircissent et s'organisent, ils restent le plus souvent à un niveau catégoriel et relativement imprécis : chambres d'hiver, chambres d'été, puis les dimanches à Combray, les promenades d'un côté ou de l'autre... L'expérience intime de la souffrance lors de l'installation dans une chambre nouvelle (p.101) est celle d'une scission de la personnalité du narrateur intermédiaire : il éprouve séparément, comme s'ils étaient joués en lui par des acteurs différents, l'étirement de sa « pensée », dont la fonction est de prendre les mesures et la forme de la chambre, la terreur physique qui met tous ses sens aux aguets, et enfin l'apaisement procuré par une troisième composante de son moi, l'habitude. Ce n'est pas une analyse intellectuelle qui aboutit à cette distinction, elle est une réaction immédiate et encore confuse devant l'agression.

Divers objets sollicitent l'attention du héros et revêtent pour lui une valeur exceptionnelle, mais mystérieuse ; ils sont très souvent personnifiés, animés d'une vie cachée ; ils ont quelque chose à dire, mais ne le disent pas ; tout au plus les métaphores qui les présentent suggèrent-elles leur secret. À cette catégorie appartiennent l'église de Combray et ses parties principales, le clocher, la crypte, l'abside ; les fleurs ; les deux côtés des promenades de Combray ; certains noms de personnes comme ceux de Swann, de Gilberte, de Guermantes ; les clochers de Martinville et de Vieuvicq. Tous sont plus qu'eux-mêmes, signes d'une réalité plus vaste, perçue avec plus ou moins de netteté : la dimension temporelle de l'église de Combray est explicitement mentionnée, mais le caractère « maternel » de son intérieur et de sa crypte, le caractère phallique de son clocher sécrétant des gouttes d'or restent voilés. L'association des aubépines avec la féminité de Mlle Vinteuil, puis de Gilberte, n'est pas franchement éclaircie. On ne voit pas encore, à ce point du roman, les implications de la différence remarquée entre l'épine blanche et l'épine rose. Des reflets de soleil sur une mare suscitent une exaltation joyeuse, informulable cependant sinon par des coups de parapluie et des exclamations. Le message des clochers aperçus de la voiture du docteur Percepied est mieux senti, mais doit passer par une transcription poétique. L'opposition des deux côtés des promenades est nettement marquée, mais la nécessité de cette systématisation n'apparaît pas. Les noms favoris que se répète le héros sont chargés par lui d'un potentiel non totalement exploité d'émotions, de relations affectives ou colorées entre leurs sonorités et leur sens (la syllabe -*antes* du nom de Guermantes).

Il en va de même des personnes, surtout celles qui sont admirées ou aimées. L'élan vers la dame en rose révèle non seulement l'attrait explicite pour son charme, mais signale aussi, sans le dire, la pulsion sexuelle. La vue de Gilberte trouble à ce point l'enfant qu'il tombe amoureux de ses yeux bleus, alors qu'elle les a noirs. La duchesse de Guermantes fait naître d'amples rêveries de promenades poétiques, puis des songeries médiévales qui en font un personnage de vitrail. Toutes ces évocations comportent une large part de semi-conscience ou d'inconscient, et révèlent plutôt des orientations affectives que des capacités d'analyse. Le flou apparaît également à propos de Mlle Vinteuil et de son amie. Si, après le spectacle aperçu par la fenêtre, l'enfant comprend sans doute mieux les impressions obscures qu'il éprouvait devant la fille du professeur et les allusions grivoises du docteur Percepied, les commentaires embrouillés du narrateur sur le sadisme laissent encore planer beaucoup de mystère sur ces deux jeunes filles. De même, Mme Swann, connue surtout par des ragots, et M. de Charlus, restent, à la fin de « Combray », complètement énigmatiques. Les manifestations de la sexualité dans le petit cabinet sentant l'iris, dans le désir d'une paysanne qui apparaîtrait soudain sous le porche de Saint-André-des-Champs, sont traitées allusivement.

Le regard scrutateur

Face à ce continent mal exploré se déploie, chez le héros comme chez le narrateur, une activité d'élucidation, en eux comme au-dehors. Le jeune garçon est conscient de son amour pour sa mère, et des obstacles que représentent Swann en visite, le père lui-même, et les codes familiaux. La rigidité de son éducation développe en lui une conscience coupable, qui lui fait redouter la punition lorsqu'il attend sa mère dans l'escalier et, après qu'il a obtenu qu'elle reste auprès de lui, l'accable de remords pour avoir contraint ses parents à un acte de faiblesse. Certains remords surgissent même sans cause apparente, comme après la projection de l'histoire de Golo par la lanterne magique. C'est surtout dans le domaine de l'observation psychologique que se révèle une **conscience aiguë**. L'introspection en est la forme la plus courante : ses moments les plus intenses apparaissent dans les efforts vains pour se situer dans le temps et dans l'espace au réveil, dans les essais laborieux du narrateur intermédiaire pour élucider la joie que lui procurent la madeleine et la tasse de thé, dans les tentatives répétées pour déchirer l'« écorce » des clochers de Martinville (« je sentais que je n'allais pas au bout de mon impression, que quelque chose était derrière ce mouvement, derrière cette clarté, quelque chose qu'ils semblaient contenir et dérober à la fois »).

Mais cette perspicacité s'applique tout autant aux autres. Elle démonte les mécanismes du train-train de tante Léonie, non seulement ses habitudes invétérées, mais sa fausse maladie, ses petites comédies, ses ruses avec Françoise, ses mots détournés de leur sens, son autorité tyrannique sur la maisonnée, le fait qu'elle est, du poste d'observation qu'est sa chambre, une sorte de « cerveau » de Combray. Une telle lucidité est l'un des grands ressorts de l'humour, car elle fait ressortir les tics, les mensonges, les abus de toute sorte : l'anxiété

permanente de la tante s'applique en fait à des riens, son étiquette digne de celle de Versailles est dérisoire. D'autres personnages sont percés à jour de façon aussi incisive et avec le
même sens des ridicules : Françoise, la servante au grand cœur
qui trahit Eulalie et tyrannise la fille de cuisine ; Legrandin surtout, qui s'enferre de plus en plus dans ses contradictions et
offre un curieux mélange de poésie, d'esprit démocratique et
de profond snobisme, se ridiculisant devant toute la famille du
héros. Même les personnages « sérieux » donnent d'eux plus
d'une image : la double personnalité de Swann, voisin de campagne familier et, dans le même temps, ami intime des grands
de ce monde, fait l'objet d'un long développement. Encore
cette image varie-t-elle selon les points de vue différents des
parents et du narrateur mieux informé. La duchesse de Guermantes, elle, acquiert une double image aux yeux du seul héros :
elle est à la fois pour lui un personnage de légende et, à partir du moment où il l'aperçoit dans l'église de Combray, une
dame comme les autres, plutôt même un peu vulgaire. Et tout
le récit de la cérémonie du mariage, décrivant le va-et-vient
étonné de ses pensées d'une image à l'autre, est imprégné de
l'humour du narrateur aux dépens de l'enfant qu'il était.

Le romancier Bergotte, qui n'apparaît pas encore en personne, subit une autre forme d'examen, celui de ses livres et
de son style : les thèmes favoris de ses romans, ses expressions archaïques, ses images préférées, sont dégagés, avec
suffisamment de netteté pour particulariser cette écriture et
la distinguer de celle du narrateur. Son cas relève d'une autre
forme de conscience, commune au héros et (bien davantage)
au narrateur : **la conscience artistique**. Favorisée par l'entourage du héros, la grand-mère et Swann surtout, mais aussi
Bloch et Bergotte, tous à des degrés divers éducateurs du goût
de l'enfant, elle se manifeste par de fréquentes allusions à des
œuvres d'art (le père en Abraham d'après Benozzo Gozzoli, la
fille de cuisine en *Charité* de Giotto, Bloch en Mahomet II
peint par Bellini), qui font de la *Recherche* un roman très « culturel », extrêmement riche en allusions et parfois difficile (on
a avantage à le lire dans une édition annotée) ; mais cette dif-
ficulté est inhérente au sujet de la *Recherche*.

Partagée entre l'intuition floue et l'analyse, la conscience
proustienne va surtout dans la direction de cette dernière, mais
elle ne parvient jamais à tout élucider, des questions nouvelles
se posant à chaque pas. **Proust est un écrivain de l'explo-**

ration de la conscience, plus que de la connaissance acquise. Il écrit dans un de ses carnets : « Je vois clairement les choses dans ma pensée, jusqu'à l'horizon. Mais celles-là seules qui sont de l'autre côté de l'horizon, je m'attache à les décrire. » On quitte « Combray » sur bien des questions, que la suite ne résoudra pas toujours, mais fera avancer : comment cet enfant pourra-t-il concilier son attachement régressif à l'habitude et aux rites, et son impatience curieuse ? comment pourra-t-il concilier ses différents amours, pour sa mère, pour Gilberte, pour Mme de Guermantes, pour des personnes comme la dame en rose ? à quoi l'exposera l'élargissement de son univers, déjà ébauché dans le passage de « Combray I » à « Combray II » ?

UNE CONSTRUCTION
ET UN STYLE ORIGINAUX

Fragmentation et mouvements d'ensemble

Dès le premier contact, le récit a déconcerté beaucoup des premiers lecteurs de Proust. On s'attendait à un *incipit** romanesque traditionnel, sorte d'exposition comme au théâtre. Or, on ne trouve rien de tout cela, mais un personnage unique, non nommé, évoquant des souvenirs aussi lointains que confus, qui n'est pris dans aucune action, ne sait ni où il est, ni qui il est ; aucune atmosphère mystérieuse, aucun suspense dû à une menace, aucune question posée. Mais un lieu apparemment sans histoire, une chambre à coucher, un lit, une alternance de sommeils et de réveils, un état mental incertain entre les uns et les autres, un monde réel insaisissable. D'entrée de jeu, Proust nous place dans un univers purement intérieur, dont il nous présente les zones les plus brumeuses, dans un esprit dont les seuls repères appartiennent à un passé vague. Il ne nous décrit pas des faits, mais des sensations, il aborde des thèmes de pensée et de sensibilité : l'obscurité, le malaise, la dissociation du moi, l'effort de reconquête, l'adaptation physique à diverses chambres, cela dans un ordre qui n'est ni logique ni chronologique, mais associatif. Ce dont ce début serait le plus proche, c'est d'une ouverture musicale, le morceau initial d'un opéra précédant toute action, et qui, rassemblant les principaux thèmes qui seront développés plus tard, met les auditeurs en bonne condition de réceptivité. En effet les chambres, les réveils, la mobilité des souvenirs, le contact physique avec l'extérieur, les incertitudes du moi, sont destinés à former un arrière-plan constant à l'œuvre.

L'évocation de Combray comporte peu d'intrigue, on n'y trouve guère de scènes classiques du roman d'enfance : les deux plus marquantes, à peu près seules, sont celle du baiser refusé et celle de la visite à l'oncle Adolphe. Elles ne se présentent pas d'une manière homogène, mais fragmentées et alternant avec d'autres développements. La scène du baiser est préparée de loin, et ses éléments interfèrent avec les visites de Swann, sa généalogie, les conversation des dîneurs, le portrait des grand-tantes, l'évocation du code de Françoise. L'épisode de l'oncle Adolphe laisse place à des considérations sur l'amour du théâtre et l'admiration des acteurs. Pour rester dans les comparaisons musicales, nous avons noté que les développements narratifs se font en **contrepoint*** les uns des autres, ou encore, comme dans les opéras de Wagner, en utilisant des **leitmotive***, courts fragments isolés sur un même thème et revenant à diverses reprises. Sous cette forme constamment fragmentée, le récit, ou le commentaire, progresse cependant dans son ensemble, les fragments s'appelant et s'enchaînant les uns aux autres à distance. Comme Proust multiplie en outre les liaisons entre paragraphes et entre phrases (les : *et, mais, de sorte que, avant que, après que*, etc.), que de nombreux mots reviennent ou se répondent d'une phrase à l'autre, le lecteur n'échappe pas à une **forte impression de lié et de continu**.

Les descriptions et les portraits sont soumis à ce mode de composition. Qu'il s'agisse de l'église de Combray, des portraits de Swann, de tante Léonie, de Françoise, de Legrandin par exemple, ils se présentent en plusieurs parties séparées par d'autres développements. On a retrouvé, dans les cahiers manuscrits, les ébauches de ces descriptions. Proust les composait d'abord chacune comme un tout, puis les découpait pour en insérer les fragments à des endroits différents. Il s'agit donc d'une composition voulue, montrant que la réalité se révèle de façon étalée dans le temps et que, par ailleurs, tous les fils de cette réalité s'entrecroisent comme ceux d'une tapisserie. Un autre trait de la description proustienne est qu'elle évite systématiquement le détail purement pittoresque destiné seulement à « faire vrai » (ce qu'on appelle encore « effet de réel », si fréquent par exemple chez Balzac). Proust s'indignait même qu'on l'ait appelé écrivain minutieux, « fouilleur de détails ». Car tous les traits qu'il retient sont promis à resurgir plus tard, à s'éclairer ou à contribuer à une signification d'ensemble : ainsi le nez de Swann, signalé à plusieurs reprises, est un premier indice de son judaïsme ; l'impolitesse de Bloch, associée à d'autres éléments, renvoie à son origine familiale ; la chambre en pyramide, aux caractères si « anti-maternels », reparaîtra un volume et demi plus loin, et le malaise qu'elle provoque sera guéri par la venue de la grand-mère. L'écrivain rejetait l'image du microscope qu'on avait utilisée à propos de sa méthode, au profit de **celle du télescope**, qui rend compte de ses rapprochements à grande distance et de sa recherche de grandes « lois ». La fragmentation des portraits de personnages permet aussi de faire apparaître plus aisément les discordances, les contradictions qui les habitent : nous avons vu qu'en dehors de la mère et de la grand-mère (qui sont elles-mêmes, dès le départ, un dédoublement d'une même image intérieure maternelle), tous les personnages présentent des aspects contradictoires. C'est pourquoi l'on voit se succéder fréquemment, à l'égard d'autrui, l'admiration et la déception du héros : ainsi en va-t-il à l'égard de Françoise, lorsqu'elle tyrannise la « Charité de Giotto », de Legrandin lorqu'il snobe ses voisins, de la duchesse de Guermantes vue de près avec un bouton sur le visage. La suite du roman illustre avec ampleur ce mouvement général de perte des illusions. Seul Swann y échappe pour le moment, puisque son image, dépréciée par les grand-tantes, est au contraire améliorée par ses hautes relations sociales et sa connaissance de Bergotte.

Beaucoup plus qu'en suivant un déroulement linéaire, la construction générale de « Combray » procède par élargissements successifs. On pourrait penser à des cercles concentriques, mais encore mieux à des **ellipses**, car l'espace sur lequel est centré le récit est toujours à double foyer : c'est d'abord le jardin et la chambre, puis la chambre du héros et celles de la tante, puis la maison et l'église de Combray. Enfin un plus grand élargissement nous fait sortir de la ville, toujours selon une double orientation, celle des deux « côtés ». Ce schéma ne dessine que la forme extérieure prise par le mouvement du récit. Son impulsion intérieure, son moteur psychologique est fourni par l'apparition des signes mystérieux et porteurs de plaisir intense qui surgissent de temps à autre et obligent soit le narrateur, soit le héros à une activité de déchiffrement : il s'agit bien sûr de la dégustation de la madeleine, signe de l'existence d'un « édifice immense du souvenir » à explorer, de petits signaux multiples surgis au cours des promenades mais délaissés sans être élucidés, et de l'apparition des clochers de Martinville, qui révèlent la nécessité de l'écriture. On rencontre aussi d'autres signes, accompagnés d'un plaisir plus ambigu ou dissimulé, comme l'apparition de la dame en rose, le geste de Gilberte, la vue de la scène d'homosexualité à Montjouvain, qui appellent des explications et des développements ultérieurs. Et ceux encore que constituent le plaisir de la lecture et la découverte des romans de Bergotte. Le lecteur, comme le héros, est en attente de leur élucidation.

Théâtralité, métaphore, déploiement

Comme Proust le dit lui-même, le style ne se sépare pas du contenu, et il ne servirait à rien d'établir des catalogues de procédés techniques. Il découle d'une façon particulière de voir l'univers, et cette façon de voir détermine déjà la construction du récit. Elle détermine encore ce qu'il faut appeler sa **théâtralité**. Le rappel du passé, pour le narrateur intermédiaire allongé dans son lit ou buvant sa tasse de thé, donc inactif, s'apparente à un vaste spectacle, dont le fragment de la lanterne magique pourrait bien être le symbole. Des images défilent devant lui, sélectionnées par la mémoire involontaire, colorées et chatoyantes comme les petits papiers du jeu japonais, organisées de façon à représenter son univers mental, dont elles émanent. On est frappé par la propension proustienne à multiplier les scènes : parlantes (tante Léonie, Legrandin) ou muettes (rencontre avec Gilberte), présentant des personnages stylisés, parfois caricaturés (le salut de Legrandin à une dame) ; soignant les entrées (celle de Swann dans le jardin), la gestuelle des personnages quand elle est significative (les tours de jardin de la grand-mère, les œillades de Legrandin), la disposition des lieux et des acteurs (l'escalier de la maison, la rencontre de Gilberte), des angles de vision (la même scène, l'observation de tante Léonie, les scènes de Montjouvain), l'alternance des répliques (tante Léonie et ses visiteurs), les apartés (tante Léonie). Le théâtre est également un thème narratif, dans la passion qu'il inspire au héros, les énumérations de noms de pièces et d'acteurs, les fréquentations de l'oncle Adolphe, puis, plus tard, les conversations avec Swann sur l'intérêt de Bergotte pour Racine et la Berma. On ne peut pas, à la lecture, ne pas être frappé par la **fréquence des métaphores théâtrales**, dans « Combray I » tournant essentiellement autour du « drame du coucher », dans les scènes avec la tante Léonie, dans les diverses personnifications des regards. Nous avons fréquemment signalé cette tendance dans les commentaires.

Le refus du réalisme, d'une appréhension dite « cinématographique » du monde (*Le Temps retrouvé*), sa perception seulement à travers des souvenirs lointains, à partir d'une chambre ou d'un milieu familial protégé, dans un état de demi-sommeil ou d'exaltation, voire parmi les erreurs des sens, bref à travers différents écrans, favorise un mode d'expression détourné. Une expérience comme celle de la madeleine montre qu'on ne peut retrouver la réalité authentique, qui est intérieure, que grâce à des objets médiateurs. Elle montre aussi que l'on n'obtient l'instant d'éternité générateur de la plus belle joie qu'en passant par deux termes, le moment présent et son correspondant passé. L'écriture est le versant actif de ce mode de connaissance : elle doit donc créer de l'indirect, de la distance. C'est le principe de la **métaphore** qui lui en fournit le moyen : chaque objet est représenté par un autre, comme la tasse de thé ancienne par la nouvelle. Proust a théorisé ce principe dans le dernier volume de son roman. Il donne le nom général de métaphore (qui signifie étymologiquement « transfert de sens ») aux comparaisons, aux métaphores de substitution (« on se blottit la tête dans un **nid** qu'on se tresse », c'est-à-dire dans un « abri »), et aux métaphores à deux termes exprimés (« le **kaléidoscope** de l'**obscurité** », c'est-à-dire l'obscurité laissant passer des images fugitives comme un kaléidoscope). Sa préférence va aux comparaisons et aux métaphores à deux termes exprimés, parce qu'elles permettent mieux de saisir l'essentiel, qui n'est ni l'un ni l'autre des deux termes, mais un élément commun qui les transcende. Et beaucoup plus que les métaphores isolées, il aime les métaphores en chaînes ou filées, comme celle du nid dans la longue phrase sur les chambres, comme les nombreuses séries appliquées au clocher de Combray. Les métaphores semblent alors obéir à une loi d'expansion dans le temps et dans l'espace. Beaucoup d'entre elles aboutissant en outre à des personnifications d'objets, elles créent un monde féerique qui supplante celui des apparences banales.

Les phrases très longues sont souvent considérées comme caractéristiques de Proust. Il ne fait cependant que s'inscrire dans la lignée des écrivains formés au discours latin et à la rhétorique, et dont certains présentent les mêmes longueurs : Saint-Simon, Rousseau, Chateaubriand. Ses phrases longues disparaissent à peu près des passages de conversation, de ceux de description rapide, des moments de forte tension (le début de l'épisode de la madeleine, par exemple). Mais elles se déploient fortement dans les moments d'exaltation (l'irruption de Combray, le clocher, l'église, les aubépines), dans les textes de synthèse (la phrase des chambres), dans les portraits de personnages qui tiennent particulièrement à cœur au héros-narrateur (la grand-mère, Swann, la duchesse), dans certains passages d'analyse (le style de Bergotte). Construites généralement sur un plan d'ensemble rigoureux, **elles se ramifient de l'intérieur** en développant tantôt les procédés d'investigation (hypothèses, recherche des causes, des conséquences), tantôt les procédés rhétoriques d'exposition (parallélismes, comparaisons, antithèses, rapprochements dans le temps et dans l'espace, parenthèses). Elles figurent la complexité du réel, mais aussi l'intense activité intellectuelle ou affective du narrateur en face de lui. Tout autant que les fragments narratifs, elles font un grand usage de moyens de liaison très apparents (conjonctions, adverbes et locutions de temps, de lieu, de raisonnement) et, par les mots choisis, relient une phrase à la suivante, reviennent en arrière, établissent ainsi une forte liaison thématique, si bien que, pour le lecteur, « tout se tient » étroitement et qu'il se sent entraîné par un flux assez lent, mais puissant. Dans les morceaux plus poétiques, toute une élaboration phonétique et ryhmique se révèle, multipliant les échos ou les combinaisons sonores, les assonances*, les allitérations*, les anagrammes*, équilibrant les groupes de mots ou organisant leur déploiement, retrouvant même les cadences de la poésie versifiée.

Lexique

VOCABULAIRE DE L'ŒUVRE

(Pour les noms propres, se reporter
aux notes de l'édition GF-Flammarion.)

allitération : répétition de mêmes sonorités (essentiellement des consonnes) dans plusieurs mots.

alter ego : en latin, « autre moi ». Se dit généralement d'une personne qui, par son rang ou son caractère, peut se substituer à une autre.

béguin : coiffe qui s'attache sous le menton par une bride, d'un type utilisé par certaines religieuses (les béguines).

bénit (pain) : pain ayant reçu la bénédiction du prêtre et qui était distribué autrefois à l'église.

buggy (ou boghei) : sorte de petit cabriolet découvert.

casuel : somme que les fidèles donnent à un prêtre à certaines occasions.

chasuble : sorte de longue tunique brodée à deux pans, que le prêtre revêt pour célébrer la messe.

ciboire : vase consacré, anciennement en or, contenant les hosties.

colonne Morris : édicule cylindrique où l'on affiche les spectacles, à Paris.

corps astral : émanation, fluide qui est supposé, dans les sciences occultes, entourer le corps humain.

coulissier : courtier en valeurs mobilières.

cuir : faute de prononciation.

élévation : moment central de la messe, où le prêtre, après avoir consacré le pain et le vin, élève l'hostie et le calice de vin au-dessus de l'autel. Arriver après l'élévation était considéré comme avoir manqué la messe.

fantasme : production de l'imagination par laquelle le moi cherche à échapper à la réalité.

fantastique : le genre fantastique consiste à faire passer sans transition perceptible du monde réel à des faits surnaturels.

font : ancien nom de la fontaine (subsiste dans les « fonts baptismaux », bassin destiné à la cérémonie du baptême).

granité : glace en grains.

gribiche (sauce) : rémoulade.

houri : belle femme que le Coran promet au fidèle musulman dans le Paradis.

inanitié : affamé (*cf.* inanition).

kaléidoscope : instrument cylindrique produisant de nombreuses combinaisons d'images par le jeu de fragments de verre coloriés mobiles et de miroirs.

kinétoscope (mot apparu en 1893) : instrument permettant la projection de photographies prises à de très courts intervalles et qui permet de donner l'illusion du mouvement. C'est un des points de départ de l'invention du cinéma.

lice (de haute) : tapisserie dont les fils de chaîne sont disposés verticalement.

métempsycose : croyance selon laquelle l'âme se réincarne après la mort dans le corps d'un autre être vivant.

mois de Marie : cérémonie du soir en l'honneur de la Vierge Marie, et qui a lieu pendant le mois de mai.

panneau : filet servant de piège.

paroissien : livre des offices paroissiaux, missel.

pastoure : bergère (mot ancien).

pectoral : ornement porté sur la poitrine par le prêtre officiant.

place (être en place) : être domestique.

prémices : premières productions de la terre qu'on offrait aux dieux.

quatre-feuilles : ornement architectural gothique formé de quatre lobes.

quenouille (tomber en) : se disait jadis d'une succession qui passait entre les mains des femmes ; page 111, Proust l'emploie au sens de « dégénérer ».

redoute : fête (mot ancien).

répons : paroles dites ou chantées dans les offices religieux (la liturgie) alternativement par un soliste et par le chœur ou l'assistance.

reposoir : support en forme d'autel sur lequel le prêtre dépose le saint sacrement (ostensoir contenant une hostie) au cours d'une procession.

retable : partie décorée surmontant verticalement l'arrière d'un autel.

rince-bouche : petit récipient contenant de l'eau, pour se rincer la bouche à la fin d'un repas.

sadisme : perversion sexuelle par laquelle on atteint la jouissance en faisant souffrir autrui.

sellette : petit siège bas où l'on plaçait un accusé pour l'interroger ; « être sur la sellette », c'est être accusé, ou subir un examen approfondi.

stéréoscope : instrument d'optique donnant l'illusion du relief à des images planes.

sursaturation : état d'une solution qui a dépassé sa capacité de dissoudre un corps solide.

vêpres : office religieux de l'après-midi chez les catholiques.

viatique : provisions et argent donnés à un voyageur. C'est aussi la communion donnée à un mourant.

VOCABULAIRE CRITIQUE

allégorie : représentation d'une abstraction sous une forme humaine.

amplification : disposition des éléments d'une énumération selon des volumes croissants, ou en approfondissant la pensée, ou en l'enrichissant, ou en l'ennoblissant.

anagramme (nom féminin) : mot formé par la transposition des lettres ou des phonèmes d'un autre nom (par ex. : « gare » est l'anagramme de « rage ») ; ou reprise, dans un contexte très restreint, dans un ordre identique ou modifié, des lettres ou des phonèmes d'un mot (par ex. : les éléments du nom de Gilberte repris à la p. 251 dans le membre de phrase : « Ainsi passa-t-il [...] arrosoir vert »).

contrepoint : manière de composer de la musique en superposant des phrases musicales.

descripteur : celui qui fait une description, et qui peut être le narrateur ou un autre personnage.

discours (ou style) indirect libre : manière de rapporter les paroles ou les pensées de quelqu'un dans un récit, sans le désigner et sans citation directe.

hypallage (mot féminin) : transfert d'une épithète d'un mot à un autre : « le tintement *doré* de la clochette ».

idéalisme : attitude philosophique qui ramène les choses à l'esprit.

image : représentation au moyen de mots pris au sens figuré.

incipit : à l'origine, premiers mots d'un manuscrit, d'un livre, d'un poème, parfois écrits en caractères différents du reste.

Désigne ensuite le début d'un texte (premiers paragraphes, premières pages) en ce qu'il comporte des effets spéciaux de démarrage (précisions diverses, création d'une atmosphère, appels à la curiosité du lecteur).

isométrie : même nombre de syllabes dans des groupes de mots.

leitmotiv : motif musical significatif revenant à plusieurs reprises dans une partition. C'est un procédé constant dans les opéras de Richard Wagner.

métaphore : image plus forte que la comparaison ; elle établit un rapport d'identité (au lieu d'un rapport d'analogie) entre l'objet-point de départ et l'objet mis à sa place. La métaphore filée consiste en une série de métaphores qui se suivent et renvoient toutes au même objet. Ex. : « l'heure de midi armoriait (la tour du clocher) des douze fleurons de sa couronne sonore » : « armorier », « fleurons », « couronne » sont toutes des métaphores qui renvoient à la connaissance des armoiries.

phonème : son le plus simple du langage. Il ne faut pas confondre les phonèmes, qui relèvent uniquement de l'oral, avec les lettres de l'écriture (ou graphèmes).

point de vue narratif : place qu'adopte fictivement le narrateur en racontant ; il « voit » tout (**point de vue omniscient**), ou seulement ce que voit un personnage (**point de vue interne**), ou seulement ce qui peut être saisi objectivement par un témoin indéterminé **(point de vue externe)**.

présent de narration : temps adopté pour rendre plus vivant un récit au passé.

récit itératif : raconte une fois ce qui a eu lieu plusieurs fois.

récit singulatif : raconte une fois un événement unique.

rythme syllabique : il consiste à donner à certains groupes de mots d'une phrase des nombres de syllabes identiques, ou le même nombre de syllabes et de mesures qu'à des vers réguliers.

synecdoque (mot féminin) : image qui représente un tout par une de ses parties, ou inversement une partie par le tout.

syntaxico-intonationnel (rythme) : rythme (binaire, ternaire, etc.) reposant sur le découpage de la phrase en (deux, trois, etc.) segments déterminés par la limite des groupes syntaxiques et les variations de l'intonation orale (montante, descendante).

thématique : qui concerne les thèmes, les sujets développés.

Quelques citations

La toute-puissance du rêve

« Un homme qui dort, tient en cercle autour de lui le fil des heures, l'ordre des années et des mondes. Il les consulte en s'éveillant et y lit en une seconde le point de la terre qu'il occupe, le temps qui s'est écoulé jusqu'à son réveil ; mais leurs rangs peuvent se mêler, se rompre. » (p. 97)

La mémoire du corps

« Mon corps, trop engourdi pour remuer, cherchait, d'après la forme de sa fatigue, à repérer la position de ses membres pour en induire la direction du mur, la place des meubles, pour reconstruire et pour nommer la demeure où il se trouvait. Sa mémoire, la mémoire de ses côtés, de ses genoux, de ses épaules, lui présentait successivement plusieurs des chambres où il avait dormi, tandis qu'autour de lui les murs invisibles, changeant de place selon la forme de la pièce imaginée, tourbillonnaient dans les ténèbres. » (p. 98)

La préparation mentale du baiser

« Aussi je me promettais, dans la salle à manger, pendant qu'on commencerait à dîner et que je sentirais approcher l'heure, de faire d'avance de ce baiser qui serait si court et furtif, tout ce que j'en pouvais faire seul, de choisir avec mon regard la place de la joue que j'embrasserais, de préparer ma pensée pour pouvoir grâce à ce commencement mental de baiser consacrer toute la minute que m'accorderait maman à sentir sa joue contre mes lèvres, comme un peintre qui ne peut obtenir que de courtes séances de pose, prépare sa palette, et a fait d'avance de souvenir, d'après ses notes, tout ce pourquoi il pouvait à la rigueur se passer de la présence du modèle. » (p. 122)

La résurrection de Combray

« Et comme dans ce jeu où les Japonais s'amusent à tremper dans un bol de porcelaine rempli d'eau, de petits morceaux de papier jusque-là indistincts qui, à peine y sont-ils plongés s'étirent, se contournent, se colorent, se différencient, deviennent des fleurs, des maisons, des personnages consistants et reconnaissables, de même maintenant toutes les fleurs de notre jardin et celles du parc de M. Swann, et les nymphéas de la Vivonne, et les bonnes gens du village et leurs petits logis et l'église et tout Combray et ses environs, tout cela qui prend forme et solidité, est sorti, ville et jardins, de ma tasse de thé. » (p. 145)

L'anti-réalisme du roman

« [...] Tous les sentiments que nous font éprouver la joie ou l'infortune d'un personnage réel ne se produisent en nous que par l'intermédiaire d'une image de cette joie ou de cette infortune ; l'ingéniosité du premier romancier consista à comprendre que dans l'appareil de nos émotions, l'image étant le seul élément essentiel, la simplification qui consisterait à supprimer purement et simplement les personnages réels serait un perfectionnement décisif [...]. La trouvaille du romancier a été d'avoir l'idée de remplacer ces parties impénétrables à l'âme par une quantité égale de parties immatérielles, c'est-à-dire que notre âme peut s'assimiler [...]. Et une fois que le romancier nous a mis dans cet état, où comme dans tous les états purement intérieurs, toute émotion est décuplée, où son livre va nous troubler à la façon d'un rêve mais d'un rêve plus clair que ceux que nous avons en dormant et dont le souvenir durera davantage, alors, voici qu'il déchaîne en nous pendant une heure tous les bonheurs et tous les malheurs possibles dont nous mettrions dans la vie des années à connaître quelques-uns, et dont les plus intenses ne nous seraient jamais révélés parce que la lenteur avec laquelle ils se produisent nous en ôte la perception [...]. » (pp. 187-188)

Le salut ambigu de Legrandin

« Nous croisâmes près de l'église Legrandin qui venait en sens inverse conduisant la même dame à sa voiture. Il passa contre nous, ne s'interrrompit pas de parler à sa voisine et nous fit du coin de l'œil un petit signe en quelque sorte intérieur aux paupières et qui, n'intéressant pas les muscles de son visage, put passer parfaitement inaperçu de son interlocutrice ; mais, cherchant à compenser par l'intensité du sentiment le champ un peu étroit où il en circonscrivait l'expression, dans ce coin d'azur qui nous était affecté il fit pétiller tout l'entrain de la bonne grâce qui dépassa l'enjouement, frisa la malice ; il subtilisa les finesses de l'amabilité jusqu'aux clignements de la connivence, aux demi-mots, aux sous-entendus, aux mystères de la complicité ; et finalement exalta les assurances d'amitié jusqu'aux protestations de tendresse, jusqu'à la déclaration d'amour, illuminant alors pour nous seuls d'une langueur secrète et invisible à la châtelaine, une prunelle énamourée dans un visage de glace. » (pp. 232-233)

Le nom de Gilberte

« Ainsi passa près de moi ce nom de Gilberte, donné comme un talisman qui me permettrait peut-être de retrouver un jour celle dont il venait de faire une personne et qui, l'instant d'avant, n'était qu'une image incertaine. Ainsi passa-t-il, proféré au-dessus des jasmins et des giroflées, aigre et frais comme les gouttes de l'arrosoir vert ; imprégnant, irisant la zone d'air pur qu'il avait traversée – et qu'il isolait – du mystère de la vie de celle qu'il désignait pour les êtres heureux qui vivaient, qui voyageaient avec elle ; déployant sous l'épinier rose, à hauteur de mon épaule, la quintessence de leur familiarité, pour moi si douloureuse, avec elle, avec l'inconnu de sa vie où je n'entrerais pas. » (p. 251)

Les deux « côtés »

« Aussi le côté de Méséglise et le côté de Guermantes restent-ils pour moi liés à bien des petits événements de celle de toutes les diverses vies que nous menons parallèlement, qui est la plus pleine de péripéties, la plus riche en épisodes, je veux dire la vie intellectuelle [...]. »

« Mais c'est surtout comme à des gisements profonds de mon sol mental, comme aux terrains résistants sur lesquels je m'appuie encore, que je dois penser au côté de Méséglise et au côté de Guermantes. C'est parce que je croyais aux choses, aux êtres, tandis que je les parcourais, que les choses, les êtres qu'ils m'ont fait connaître, sont les seuls que je prenne encore au sérieux et qui me donnent encore de la joie [...]. »

« Sans doute pour avoir à jamais indissolublement uni en moi des impressions différentes rien que parce qu'ils me les avaient fait éprouver en même temps, le côté de Méséglise ou le côté de Guermantes m'ont exposé, pour l'avenir, à bien des déceptions et même à bien des fautes. Car souvent j'ai voulu revoir une personne sans discerner que c'était simplement parce qu'elle me rappelait une haie d'aubépines, et j'ai été induit à croire, à faire croire à un regain d'affection, par un simple désir de voyage. Mais par là même aussi, et en restant présents, en celles de mes impressions d'aujourd'hui auxquelles ils peuvent se relier, ils leur donnent des assises, de la profondeur, une dimension de plus qu'aux autres. Ils leur ajoutent aussi un charme, une signification qui n'est que pour moi. Quand par les soirs d'été le ciel harmonieux gronde comme une bête fauve et que chacun boude l'orage, c'est au côté de Méséglise que je dois de rester seul en extase à respirer, à travers le bruit de la pluie qui tombe, l'odeur d'invisibles et persistants lilas. » (pp. 298-300)

L'anti-réalisme de l'œuvre d'art

« Tout en écoutant, Jean percevait confusément que ce qu'il y a de réel dans la littérature, c'est le résultat d'un travail tout spirituel, quelque matérielle que puisse en être l'occasion (une promenade, une nuit d'amour, des drames sociaux), une sorte de découverte dans l'ordre spirituel ou sentimental que l'esprit fait, de sorte que la valeur de la littérature n'est nullement dans la matière déroulée devant l'écrivain, mais dans la nature du travail que son esprit opère sur elle. » (*Jean Santeuil*)

« Les musées sont des maisons qui abritent seulement des pensées. Ceux qui sont le moins capables de pénétrer ces pensées savent que ce sont des pensées qu'ils regardent, dans ces tableaux placés les uns près des autres, que ces tableaux sont précieux, et que la toile, les couleurs qui s'y sont séchées et le bois doré lui-même qui l'encadre ne le sont pas. » (*Contre Sainte-Beuve*)

« La matière de nos livres, la substance de nos phrases doit être immatérielle, non pas prise telle quelle dans la réalité, mais nos phrases elles-mêmes, et les épisodes aussi doivent être faits de la substance transparente de nos minutes les meilleures, où nous sommes hors de la réalité et du présent. » (*Contre Sainte-Beuve*)

L'étude des profondeurs de la vie psychologique

« Seul mérite d'être exprimé ce qui est apparu dans les profondeurs [...]. Ces profondeurs sont obscures. Cette profondeur, cette nécessité pour nous-mêmes est la seule marque de la valeur – aussi peut-être d'une certaine joie. Peu importe de quoi il s'agit. Un clocher, s'il est insaisissable pendant des jours, a plus de valeur qu'une théorie complète du monde. » (*Carnets*)

Jugements critiques

LES CONTEMPORAINS

Paul Souday, critique redouté du *Temps*, relate dans le numéro du 10 décembre 1913, la parution du premier volume de la *Recherche*, en remarque les nombreuses fautes d'impression (dues à l'éditeur), et s'étonne de la longueur de l'ouvrage correspondant à ce qu'il estime être un si faible contenu :

« M. Marcel Proust embrasse-t-il dans son grand ouvrage l'histoire de l'humanité ou du moins celle d'un siècle ? Non point. Il nous conte ses souvenirs d'enfance. Son enfance a donc été remplie par une foule d'événements extraordinaires ? En aucune façon : il ne lui est rien arrivé de particulier. Des promenades de vacances, des jeux aux Champs-Élysées constituent le fond du récit. On dit que peu importe la matière et que tout l'intérêt d'un livre réside dans l'art de l'écrivain. C'est entendu. Cependant on se demande combien M. Marcel Proust entasserait d'infolios et remplirait de bibliothèques s'il venait à raconter toute sa vie. [...] Il a une imagination luxuriante, une sensibilité très fine, l'amour des paysages et des arts, un sens aiguisé de l'observation réaliste et volontiers caricaturale [...]. Il est souvent embarrassé par un excès de richesse. Cette surabondance de menus faits, cette insistance à en proposer des explications, se rencontrent fréquemment dans les romans anglais, où la sensation de la vie est produite par une sorte de cohabitation assidue avec les personnages [...]. Il nous semble que le gros volume de M. Marcel Proust n'est pas composé, et qu'il est aussi démesuré que chaotique, mais qu'il renferme des éléments précieux dont l'auteur aurait pu former un petit livre exquis. »

Au contraire, Jacques Rivière, dans la *Nouvelle Revue française* du 1ᵉʳ février 1920 (« Marcel Proust et la tradition classique »), loue l'effort de rationalité et d'analyse de l'écrivain :

« Il travaille ainsi à contresens de tout le romantisme, qui a sans cesse consisté à faire croire à des choses sans les montrer. On peut attendre de son intervention, pour notre littérature, un immense dégonflement. [...]

En nous débarrassant de l'indivision des idées et des sentiments, Proust nous débarrasse de l'énigmatique et de l'incontrôlable. Il rend de l'eau au moulin de notre raison et fait travailler en nous la faculté réfléchissante. [...] Nous reprenons goût à comprendre ; notre plaisir est de nouveau d'apprendre quelque chose sur nous-mêmes, de nous sentir pénétrés par la définition, de nous reconnaître plus avant formulables que nous n'avions cru l'être. »

LES MODERNES

Claude-Edmonde Magny, dans son *Histoire du roman français depuis 1918* (1950), insiste sur la nécessité, pour le héros du roman, de franchir jusqu'au bout une vie chargée d'erreurs pour retrouver à la fin à la fois le temps et l'éternité :

« Il faut attendre les expériences magiques du *Temps retrouvé* pour [...] que prenne fin l'infranchissable distance, à chaque instant perçue au cours du récit, entre ce que nous étions et ce que nous sommes, ce que nous espérons et ce que nous obtenons, ce que nous croyons être, désirer ou éprouver, et notre réalité véritable. [...]

Nulle des « erreurs » du héros n'est vaine (ni même représentée comme telle) : chacune est une étape de ce progrès spirituel qui culminera finalement dans la fusion du passé et du présent, que l'auteur croit être la seule façon de sortir du temps. »

Après Gilles Deleuze (*Proust et les Signes*), Roland Barthes (« Proust et les noms », 1967) se représente la *Recherche* comme une vaste enquête de déchiffrement d'innombrables signes, parmi lesquels les noms propres perçus par le héros :

« L'œuvre de Proust décrit un immense, un incessant apprentissage. Cet apprentissage connaît toujours deux moments (en amour, en art, en snobisme) : une illusion et une déception ; de ces deux moments, naît la vérité, c'est-à-dire l'écriture ; mais entre le rêve et le réveil, avant que la vérité surgisse, le narrateur proustien doit accomplir une tâche ambiguë (car elle mène à la vérité à travers bien des méprises), qui consiste à interroger éperdument les signes : signes émis par l'œuvre d'art, par l'être aimé, par le milieu fréquenté. Le Nom propre est lui aussi un signe [qui] s'offre à une exploration, à un déchiffrement :

il est à la fois un « milieu » (au sens biologique du terme), dans lequel il faut se plonger, baignant indéfiniment dans toutes les rêveries qu'il porte, et un objet précieux, comprimé, embaumé, qu'il faut ouvrir comme une fleur. »

Jean-Pierre Richard, lui, s'attache à retrouver, « sous le singulier de chaque moment vécu » par le personnage, c'est-à-dire derrière ses sensations, « les directions significatives d'une présence au monde » (*Proust et le monde sensible*, 1974), par exemple dans le cas de la nourriture :
« Chaque lecteur de Proust a ressenti l'extrême importance de la fonction de nutrition dans toute l'étendue de la *Recherche*. On y mange beaucoup, et partout : avec une avidité d'enfance à Combray, chez tante Léonie [...]. Consommé à Combray, au centre de la table familiale, sous la clarté rassurante de la grosse lampe à huile, après le baiser donné à la mère, le bœuf à la casserole cuisiné par Françoise consacre par exemple une clôture heureuse du foyer. Il exorcise les fantasmes nés de la lanterne magique (dissipation des parois de la chambre, cruautés médiévales, sadismes archaïques, sentiment d'une agressivité et d'une culpabilité dirigées en fin de compte vers l'unique objet désiré et interdit, la mère) ; et il regroupe autour de lui le cercle protecteur de la famille. »

Serge Doubrovsky, dans un ouvrage d'inspiration psychanalytique (*La Place de la madeleine*, 1974) montre que dans le roman proustien, le narrateur revit sa vie à l'envers, dans l'écriture, entre les deux limites que lui donnent le mot « longtemps » et le mot « temps » qui l'encadrent :
« La libération, pour le héros proustien, n'est pas une rupture rimbaldienne ; « changer la vie », pour lui, c'est tout simplement la *revivre*, mais comprise, c'est-à-dire *à l'envers*. Si la première figure stylistique du roman est l'inversion, le dernier mot sera l'inversion généralisée des signes : récit qui commence où il se termine, passage du héros au narrateur, du temps perdu au temps retrouvé, etc. Le « longtemps » de la première phrase est devenu « dans le Temps » (élucidé) de la dernière, tout comme le corps-qui-se-couche est devenu ces « géants plongés dans les années », c'est-à-dire un corps romanesque. »

Index thématique

aristocratie : pp. 109,114,115, 284-285, 287-291.

amour : pp. 204, 251, 291, 301.

art : pp. 102,137, 182-184, 256, 275.

baiser maternel : pp. 106, 117, 122, 132, 297, 299-300.

chambres : pp. 95-101, 102, 133, 141, 147-150, 301-302.

code : pp. 124, 129, 132, 250.

cruauté : pp. 103,104, 228-231.

culpabilité : pp. 103, 129, 131, 133.

église : pp. 145, 157-167, 207-211, 261-262 284, 287-292.

esthétique : pp. 136,138.

fragmentation du moi : pp. 98-99, 101, 113, 236.

idéalisme : pp. 113, 197-203, 227, 233, 238-239.

juifs : pp. 108,113, 194.

lecture : pp. 95, 136, 185-190, 205.

légendes : pp. 102,141, 284, 290, 296.

littérature : pp. 193, 197-203, 285-287, 295-296.

madeleine : pp. 142-145.

mémoire : pp. 100-101, 141-145, 166-167, 297-302.

religion : pp. 107, 217.

sadisme : pp. 270, 274-277.

sexualité : pp. 106, 177-180, 196, 219, 250, 256-257, 267-277.

snobisme : pp. 167, 225-226, 231-240.

temps (qui passe) : pp. 97, 141-144.

temps (qu'il fait) : pp. 100,104,142, 185, 189-190, 205, 243, 260-262, 277-278.

théâtre : pp. 141, 174-176, 201, 223, 256, 288.

Plans et sujets de travaux

COMMENTAIRE COMPOSÉ

Souvenirs de chambres : de « Ces évocations tournoyantes et confuses » à « nous rendre un logis habitable » (pp. 99-101).

Introduction

Le narrateur vient d'évoquer les visions chaotiques qui accompagnent son réveil : les souvenirs se succèdent rapidement, contradictoires les uns avec les autres ; même la place des objets familiers de la chambre lui semble varier d'un instant à l'autre. Il y a pour lui une coïncidence entre ce tourbillonnement des choses et l'agitation mentale du dormeur qui s'éveille. Puis arrive le moment où son esprit se calme, et impose un ordre aux rêveries. Dans ce paragraphe, nous assistons à une récapitulation, ou plutôt à un bilan construit, des souvenirs des chambres précédemment occupées.

1. La composition

Entre une phrase introductive et une phrase de conclusion se déroule la plus longue phrase de « Combray » et l'une des plus longues de toute la *Recherche*, soit 53 lignes. Elle est remarquablement construite dans ses grands traits, grâce à une quadruple apposition à un « les » qui représente les chambres : « Mais j'avais revu tantôt l'une, tantôt l'autre des chambres [...] et je finissais par me **les** rappeler toutes [...] ; **chambres d'hiver ; [...] chambres d'été [...] ; parfois la chambre Louis XVI [...] ; parfois au contraire celle, petite et si élevée de plafond, creusée en forme de pyramide [...]** ». En restant d'abord à ce niveau, nous constatons que ces quatre membres de phrase s'opposent deux par deux : deux séries de chambres caractérisées par les saisons, par le ton de généralité (les chambres sont au pluriel, le sujet de tous les verbes est **on**, les verbes sont au présent dit « de généralité ») ; puis deux chambres distinguées par leur décor et par leur singularité (les chambres sont au singulier, le sujet des verbes est **je**, les verbes sont aux temps du passé renvoyant à la vie personnelle du narrateur). Mais une autre opposition binaire existe, entre les membres de phrase extérieurs (le 1er et le 4e) et les intérieurs (2e et 3e), selon la dimension (les extérieurs sont longs, de 18 et 22 lignes ; les intérieurs sont brefs, de quatre lignes et demie chacun environ) et selon le contenu : les extérieurs parlent de chambres à l'atmosphère désagréable, les intérieurs de chambres agréables. Cette disposition d'ensemble produit une impression de symétrie, d'encadrement solide de l'évocation.

Si l'on passe au niveau suivant, celui des propositions qui développent les chambres, on constate qu'à une exception près (celle de la chambre Louis XVI), nous avons des séries de trois relatives introduites par **où**, dont les développements sont généralement dans un ordre croissant :

– **chambres d'hiver où l'on aime...** (6 lignes)
              où par un temps glacial... (3 lignes)
              où, le feu étant entretenu... (9 lignes)

– **chambres d'été où l'on aime...** (1 ligne)
              où le clair de lune... (2 lignes)
              où l'on dort... (2 lignes)

– **la chambre Louis XVI, si gaie...** (2 lignes)
              et où les colonnettes...
              (2 lignes et demie)

– **celle... en forme de pyramide...**
  où, dès la première seconde... (4 lignes)
  où une étrange et impitoyable glace... (4 lignes)
  où ma pensée... (11 lignes)

Cette disposition par séries ternaires progressives donne, elle, une impression d'amplification, de mouvement, de dynamisme. Sans entrer davantage dans le détail, la construction de cette longue phrase, loin d'être laissée au hasard, combine savamment dynamisme et stabilité, et convient à ce moment du récit où la profusion et la confusion des souvenirs cessent, pour faire place à une synthèse, à un tableau synoptique.

2. Les images (métaphores et comparaisons)

Toutes ces chambres sont moins décrites objectivement qu'évoquées par le souvenir des impressions qu'y a ressenties le narrateur. Ces impressions tournent toutes autour d'une opposition entre l'agréable et le douloureux. Elles sont exprimées au moyen d'un grand nombre d'images, dont il est instructif de suivre l'évolution, depuis celles qui indiquent le mouvement rapide du début (« ces évocations **tournoyantes** », le « **cheval courant** » dont nous percevons les « **positions successives** » dans le « **kinétoscope** ») jusqu'à la stabilité assurée par l'habitude, représentée comme une personne « **bien lente** » préoccupée de fournir au dormeur une « **installation** », un « **logis habitable** ».

La première catégorie de chambres appelle la métaphore du **nid**, développée par des images de construction technique : tresse, cimenter, technique des oiseaux, matériaux disparates ; par celle des oiseaux blottis, s'isolant du froid et recherchant la profondeur et la chaleur (l'hirondelle de mer, le souterrain, la caverne) ; puis par celle du manteau, qui ajoute à la chaleur la souplesse de l'enveloppement. L'opposition est par ailleurs très forte entre l'extérieur, ou la périphérie, soumis à l'agression du froid, et l'intérieur agréablement réchauffé. Ces images en recouvrent une autre, non formulée directement, mais fortement suggérée par toutes les autres, celle du sein maternel, chaud, souple, profond, protecteur.

Au contraire, les chambres d'été remplacent cette opposition par des images dont l'élément commun est la communication : entre l'intérieur et l'extérieur, entre le chaud et le froid s'unissant dans le tiède, entre le dormeur et le monde ; l'oiseau est toujours présent, mais c'est un oiseau familier et non plus sauvage, « balancé par la brise » et non réfugié dans une caverne. Les images de personnification du clair de lune, d'échelle **enchantée**, créent une atmosphère de légende et de poésie. L'euphorie des chambres d'été est mise en rapport avec le monde du rêve.

La chambre Louis XVI offre à son tour les mêmes facilités de communication, cette fois entre l'extérieur et l'intérieur du lit, en y associant des images de légèreté et de grâce. Mais une réserve est introduite : le dormeur n'y est seulement « pas trop malheureux » le premier soir.

La dernière chambre est celle de tous les malheurs, immédiatement hostile (« dès la première seconde »). L'image principale qui lui est associée est celle de la **pyramide**, qui s'oppose en tout aux précédentes : elle est haute et de forme resserrée au sommet, contrairement à la chambre Louis XVI ; faite d'angles et d'arêtes, contrairement au nid (on se rappelle aussi que dans les chambres d'hiver, le froid et les courants d'air viennent des **angles** et des fenêtres rectangulaires) ; évoquant un tombeau égyptien, et non plus la protection vitale du sein maternel. La glace à pieds rectangulaire a la même forme agressive et ajoute de nouveaux angles par sa place oblique. Les sens autres que la vue sont également attaqués : l'odorat par l'odeur **inconnue** du vétiver, l'ouïe par le bruit de la pendule, accusée d'**indifférence**. Cette nouveauté de la chambre est, avec sa forme (la pyramide devient bientôt un gigantesque entonnoir), ce qui la rend insupportable. Ces images d'agression revêtent aussi une forme anthropomorphique : les objets sont personnifiés (l'indifférence de la pendule, la glace « impitoyable ») et entrent en lutte contre le narrateur. Celui-ci à son tour se trouve décomposé en plusieurs figures : **ma pensée**, qui accomplit des mouvements physiques pénibles (se disloquer, s'étirer en hauteur) ; **je**, qui représente le corps passif et perceptif, lui aussi souffrant ; et **l'habitude**, finalement victorieuse des éléments hostiles. Cette lutte fait de la dernière partie de cette longue phrase une dramatisation, une scène à plusieurs personnages.

3. Le rôle des chambres (les symboles)

Un symbole est une image, pas toujours apparente au premier degré, qui signifie une réalité abstraite à valeur générale. Dans cette « ouverture » du roman qui pose les grands thèmes à développer par la suite, Proust ne veut pas simplement décrire pour décrire. Il place des pierres d'attente (la chambre en pyramide sera reprise et développée au début de la deuxième partie d'*À l'ombre des jeunes filles en fleurs*) et il présente de manière encore assez indirecte les fondements de la personnalité du héros-narrateur. Nous avons pu voir que dès la première page, il fait de la chambre à coucher un lieu privilégié, comme lieu de perception du monde dans un état intermédiaire entre le sommeil et la veille. Il s'agit maintenant des chambres comme lieux d'habitation, en accord ou non avec la sensibilité profonde. La chambre-nid, ou chambre-sein maternel, est le lieu tout à fait primordial.

Si la première partie symbolise la nostalgie de l'état prénatal, la suite évoque indirectement la naissance, c'est-à-dire la sortie dans le monde. Le narrateur la supporte bien dans les catégories 2 et 3, lorsqu'il y a équilibre des milieux entre l'intérieur et l'extérieur et que la rêverie, la poétisation la rendent possible. Mais dans le cas le plus général, toute nouveauté est douloureuse, du moins jusqu'à ce que l'habitude, c'est-à-dire l'effet du temps sur la psychologie du narrateur, ait émoussé les aspérités de la réalité. Un autre aspect du temps est mis en relief, après celui de la confusion des époques pour le dormeur, c'est celui de l'usure qu'il provoque. Usure pour l'instant bénéfique, sous la forme de l'habitude. Une question semble se poser à propos du narrateur qui ne parle que de lui-même : comment cet être si enfoncé dans sa sensibilité intra-utérine va-t-il entrer en contact avec le monde extérieur ? Des pistes sont discrètement indiquées : la perception magique de celui-ci (chambres d'été), sa perception esthétique (chambre Louis XVI), et la perception après coup, lorsque le temps aménageur a fait son œuvre. Or ce sont bien là des modes de perception que nous trouvons dans la suite de « Combray », et même dans l'ensemble du grand roman.

Conclusion

Ce passage intervient dans le début de l'œuvre comme un « arrêt sur image » au cinéma : il interrompt le mouvement, propose un bilan des représentations jusque-là anarchiques du narrateur, et nous fait pénétrer au fond de sa sensibilité. Il nous met sur la voie de sa manière d'appréhender l'univers : approche esthétique et par la mémoire. C'est en effet immédiatement après qu'est annoncée l'énumération ordonnée et chronologique des souvenirs (de Combray, de Balbec, etc.) qui vont constituer la matière même du récit.

SUJETS D'EXPOSÉS

1. Le « je » du récit

Distinguez le « je » du narrateur, qui écrit et qui commente, généralement au présent ; le « je » intermédiaire du dormeur qui s'éveille dans les premières et les dernières pages ; le « je » du héros enfant qui vit les événements. Montrez que le jeu des temps verbaux permet les passages de l'un à l'autre. Quelles sont les ressemblances et les différences entre ces différents « personnages » ? Montrez aussi que lorsqu'un de ces « je » est en activité, il se subdivise lui-même en plusieurs composants (voir pp. 100-101).

2. Temps de la narration (moment où le narrateur écrit), temps du récit (moment où les faits se déroulent)

À quel moment le narrateur se situe-t-il par rapport à l'histoire qu'il raconte ? À quels moments se situent les faits racontés ? Sont-ils tous contemporains les uns des autres ? Sont-ils racontés dans un ordre linéaire ? Y a-t-il des digressions vers l'avenir ou vers le passé ? Des incohérences ? Montrez que le récit des promenades des deux « côtés » suit un ordre logique plus qu'un ordre chronologique.

3. La madeleine (pp. 142-145)

Distinguez nettement les deux mouvements de cet épisode. Décrivez avec précision les deux formes de mémoire évoquées ici. Quelle place la volonté y tient-elle ? Quelle est l'importance de cette scène dans la construction de « Combray » ? Quels sont les aspects du style particulièrement frappants ?

4. Léonie et Françoise (pp. 153-157, 204-214, 263-265)

Caractérisez la conversation des deux femmes. Tirez de ces fragments un portrait de chacune d'elles, et étudiez leurs relations réciproques. Étudiez sur ce cas l'humour de Proust.

5. Legrandin (pp. 167-168, 225-227, 231-237)

Étudiez dans ces trois passages le personnage de Legrandin et la technique du portrait fragmenté. Quelle paraît être l'importance de ce personnage pour l'ensemble du récit ?

6. L'oncle Adolphe (pp. 173-181)

Étudiez comment cet épisode fonctionne comme une digression générale, elle-même entrecoupée de digressions secondaires. Est-ce une construction anarchique ? Faites un tableau d'ensemble de la chronologie du fragment. Étudiez la fascination qu'exercent sur l'enfant l'oncle et la femme inconnue.

7. L'apparition de Gilberte Swann (pp. 249-252)

Étudiez la mise en scène. Montrez comment le héros saisit subjectivement le monde extérieur. Étudiez la fonction des métaphores : à quoi visent-elles ? Étudiez le lien entre le cadre floral et la fillette ; faites le rapprochement avec Mlle Vinteuil et les aubépines.

8. Les clochers de Martinville (pp. 293-296)

Comparez les deux récits, celui du narrateur et celui du héros. Quel est le symbolisme du passage ? Pourquoi cet incident se produit-il du côté de Guermantes ?

SUJETS D'ESSAIS OU DE DISSERTATIONS

1. Le personnage proustien

Sujet : peu réaliste, présenté de façon fragmentaire et souvent contradictoire, le personnage proustien peut-il être qualifié de schématique et désincarné, dépourvu de vérité ?

Plan : on se reportera aux questionnaires ci-dessus pour s'interroger sur les différents portraits de personnages.

1. Les portraits sont peu riches en descriptions physiques et sociales : il n'y a pas même de portrait pour les membres de la famille ; on ne connaît pas la profession du père. On ne « voit » pas concrètement M. Swann. Les comparses sont un peu mieux traités : le bonnet de Françoise, le costume et le métier de Legrandin, les disgrâces d'Eulalie, l'aspect masculin de Mlle Vinteuil, le nez, la rougeur et le petit bouton de Mme de Guermantes. Mais ce sont toujours des indications rapides.

2. En fait, Proust caractérise ses personnages par de simples traits à valeur symbolique : le turban du père, sa science de la météorologie ; le regard passionné de la grand-mère ; le nez busqué de M. Swann, ses fréquentations aristocratiques ; le veston « d'écolier » et la cravate flottante de Legrandin (signes de simplicité affectée) ; l'ameublement de l'oncle Adolphe à Paris, le costume et les cigarettes de la dame en rose ; le regard sournois et le geste indécent de Gilberte ; la voix et le buggy de Mlle Vinteuil. Ces portraits sont surtout ceux de comportements et de paroles, toujours significatifs : les promenades de la grand-mère, ses cadeaux « culturels » ; l'attachement aux codes de Françoise, ses lieux communs ; la sévérité de la mère ; les bavardages de tante Léonie ; le pédantisme du curé ; les goûts littéraires et l'impolitesse de Bloch ; la discrétion et la culture de M. Swann ; les propos moralisants de M. Vinteuil ; l'homosexualité de sa fille ; les saluts et les discours de Legrandin. Leurs sujets de conversation, leur façon individuelle de s'exprimer les caractérisent plus que ne le ferait un portrait physique. À rapprocher du théâtre, dans lequel l'auteur dramatique représente ses personnages par un rôle parlé.

3. Ces personnages sont parfois pétris de contradictions, et Proust insiste vivement sur celles-ci : les deux Swann (le voisin de campagne et le mondain), les deux aspects de tante Léonie (la malade et le tyran domestique), Françoise la servante modèle et le bourreau des filles de cuisine, Legrandin le démocrate snob, la dame en rose charmante et réprouvée, Mlle Vinteuil rude et sensible, la duchesse de Guermantes réelle et imaginaire. Cela coïncide avec l'expérience de son héros, qui endosse successivement plusieurs personnalités à son réveil, envie son oncle Adolphe puis le brouille avec sa famille, se comporte avec la naïveté de l'enfance et s'évalue avec l'expérience de l'adulte. Cela permet l'exercice de l'humour, qui met bien en relief les contradictions des uns et des autres.

Conclusion : cela coïncide aussi avec la conviction proustienne que l'homme n'est pas un être simple et unifié, que sa personnalité est multiple et varie dans le temps, qu'il renferme des mystères, qu'il émet des signes provenant d'une autre réalité que la réalité visible, et qu'il faudra déchiffrer. C'est pourquoi d'ailleurs son livre se veut une « recherche », non seulement du temps perdu, mais aussi de vérités humaines.

2. Le théâtre de Combray

Sujet : le narrateur évoque Combray (pp. 140-141) comme « le décor strictement nécessaire au drame de mon déshabillage ». Relevez dans « Combray » ce qui se rapproche du théâtre, classez-le et demandez-vous pourquoi Proust accorde tant d'importance à cet art dans son roman.

Pistes de recherche : reprendre toute la partie « Résumés et commentaires », où sont signalés de nombreux passages traités d'une manière théâtrale par l'écrivain (décors, mises en scène, paroles directement rapportées, gestes et attitudes, simplification psychologique, comique de gestes et de paroles). Comparez de ce point de vue les deux parties de « Combray » : la seconde ne comporte plus un seul théâtre, mais un espace élargi : évolution vers un théâtre du monde. Les deux côtés des promenades sont aussi schématiquement opposés que le côté cour et le côté jardin d'une scène. Mettez en rapport cette théâtralisation avec la place donnée à l'imagination et à la double réalité : le monde de l'expérience sensible n'est qu'une apparence trompeuse, les vérités se cachent derrière. Il vaut mieux reconstituer un monde d'imagination ou de souvenirs, aux éléments sélectionnés par la mémoire involontaire, aux personnages quelque peu simplifiés, et suggérer au lecteur, comme à un spectateur de théâtre, de jouir du spectacle et d'en tirer des conclusions.

Bibliographie essentielle

Éditions d'*À la recherche du temps perdu*

Collection « Bibliothèque de la Pléiade », Gallimard, 4 vol., 1987-1989.

Éditions de poche :

Collection « GF », Flammarion, 10 vol., 1984-1987.

Collection « Folio », Gallimard, 8 vol., 1988-1990.

Collection « Bouquins », Laffont, 3 vol., 1987.

Collection « Le Livre de Poche Classique », Librairie générale française, 6 vol., 1992-1993.

Études générales sur Proust

Gilles DELEUZE, *Proust et les signes*, PUF, 1976.

Gérard GENETTE, *Figures III*, Le Seuil, 1972.

Anne HENRY, *Proust*, Balland, 1986.

Jean MILLY, *La Phrase de Proust*, Slatkine, Genève, 1983 ; *Proust et le style*, Slatkine, Genève, 1991.

Michel RAIMOND et Luc FRAISSE, *Proust en toutes lettres*, Bordas, 1989.

Michel RAIMOND, *Proust romancier*, SEDES, 1984.

Jean-Yves TADIÉ, *Proust*, Belfond, 1983 (avec éléments biographiques).

Jean-Pierre RICHARD, *Proust et le monde sensible*, Le Seuil, 1974.

Sur « Combray » et *Du côté de chez Swann*

Luc FRAISSE, *Lire « Du côté de chez Swann »*, Dunod, 1993.

Thierry LAGET, *« Du côté de chez Swann » de Marcel Proust*, « Foliothèque », Gallimard, 1992.

Jean MILLY, *La Longueur des phrases dans « Combray »*, Champion-Slatkine, 1986.

Du même auteur (Jean Milly)

Proust et le style, Minard, 1970 ; rééd. Slatkine, Genève, 1991.

Les Pastiches de Proust, édition critique et commentée, A. Colin, 1970 (épuisé).

La Phrase de Proust, Larousse, 1975 ; rééd. Champion, 1983.
Édition d'À la recherche du temps perdu, collection G-F, Flammarion, 1984-1987 :
   – Préface générale (« Du côté de chez Swann ») et direction d'ensemble ;
   – Présentation, établissement du texte et annotation de *La Prisonnière* et de *La Fugitive* (*Albertine disparue*).
Proust dans le texte et l'avant-texte, Flammarion, 1985.
La Longueur des phrases dans « Combray », Paris-Genève, Champion-Slatkine, 1986.
Édition intégrale d'*Albertine disparue*, Champion, 1992.
Poétique des textes, Nathan, 1992.

N° Projet : 10048256-(III) - 6,5 - (OSBT) - 80° - Août 1998
Imprimé en France par I.M.E. - 25110 Baume-les-Dames - N° Imprimeur : 12436

COLLECTION DIRIGÉE PAR HENRI MITTERAND

• **ANOUILH**: Antigone (13) • **ARAGON**: Les Yeux d'Elsa (113) • **BALZAC**: Le Père Goriot (12) Les Chouans (52) Le Lys dans la vallée (74) La Peau de chagrin (86) Eugénie Grandet (102) La Cousine Bette (139) • **BARBEY D'AUREVILLY**: L'Ensorcelée (84) • **BAUDELAIRE**: Les Fleurs du mal (83) • **BEAUMARCHAIS**: Le Mariage de Figaro (17) • **BECKETT**: En attendant Godot/Fin de partie (35) Oh les beaux jours/Pas moi (137) • **DU BELLAY**: Les Regrets (131) • **BERNANOS**: Journal d'un curé de campagne (73) • **BÉROUL, THOMAS**: Tristan et Yseut (25) • **BUTOR**: La Modification (63) L'Emploi du temps (111) • **CALDERÓN**: La Vie est un songe (126) • **CAMUS**: L'Étranger (23) La Peste (24) Caligula (36) La Chute (105) • **CÉLINE**: Voyage au bout de la nuit (66) • **CHATEAUBRIAND**: Atala / René (20) • **CHRÉTIEN DE TROYES**: Le Chevalier à la charrette/Le Chevalier au lion (31) • **COCTEAU**: Les Enfants terribles (133) • **CORNEILLE**: Le Cid (39) Polyeucte (40) Horace (45) L'Illusion comique (54) • **DESCARTES**: Discours de la méthode (120) Méditations métaphysiques (121) • **DIDEROT**: Jacques le Fataliste (5) Le Neveu de Rameau (118) • **DOSTOÏEVSKI**: Crime et Châtiment (114) • **DURAS**: Moderato Cantabile / L'Amant (59) La Douleur /Hiroshima mon amour (108) • **FLAUBERT**: Madame Bovary (10) L'Éducation sentimentale (19) Trois Contes (38) Bouvard et Pécuchet (85) • **GENET**: Les Bonnes /Le Balcon (138) • **GIDE**: Les Faux-Monnayeurs (32) La Symphonie pastorale (61) La Porte étroite (76) L'Immoraliste (117) • **GIONO**: Un roi sans divertissement (27) Colline (44) Le Hussard sur le toit (58) • **GIRAUDOUX**: La guerre de Troie n'aura pas lieu (15) Intermezzo (70) Électre (82) • **GRACQ**: Le Rivage des Syrtes (50) Au château d'Argol / Un balcon en forêt (62) • **HOMÈRE**: L'Odyssée (88) L'Iliade (129) • **HUGO**: Les Misérables (43) Ruy Blas (71) Quatrevingt-treize (101) Hernani (128) • **IONESCO**: Le Roi se meurt (28) • **BEN JONSON**: Volpone (116) • **LACLOS**: Les Liaisons dangereuses (51) • **MME DE LAFAYETTE**: La Princesse de Clèves (6) • **LA FONTAINE**: Fables (94) • **LESAGE**: Gil Blas de Santillane (68) • **MALLARMÉ**: Poésies (119) • **MALRAUX**: La Condition humaine (37) L'Espoir (127) • **MARIVAUX**: La Double Inconstance (22) Le Jeu de l'amour et du hasard (79) • **MAUPASSANT**: Une vie (21) Bel-Ami (34) Le Horla et autres contes (89) Une partie de campagne (112) • **MAURIAC**: Thérèse Desqueyroux (29) • **MÉRIMÉE**: Colomba /La Vénus d'Ille (56) • **MOLIÈRE**: L'École des femmes (2) Tartuffe (7) Dom Juan (9) Les Femmes savantes (41) Le Misanthrope (48) Les Fourberies de Scapin (60) Le Bourgeois gentilhomme (103) L'Avare (104) Le Malade imaginaire (123) • **MONTAIGNE**: Essais (98) • **MONTESQUIEU**: Lettres persanes (72) L'Esprit des lois (107) • **MUSSET**: On ne badine pas avec l'amour (55) Lorenzaccio (64) • **NERVAL**: Sylvie / Aurélia (95) • **PASCAL**: Pensées (134) • **PEREC**: Les Choses/Espèces d'Espaces (26) • **L'ABBÉ PRÉVOST**: Manon Lescaut (16) • **PROUST**: Un amour de Swann (14) À l'ombre des jeunes filles en fleurs (87) Combray (90) • **RABELAIS**: Pantagruel (92) Gargantua (93) • **RACINE**: Phèdre (11) Britannicus (46) Andromaque (57) Iphigénie (78) Bérénice (106) Bajazet (130) • **ROSTAND**: Cyrano de Bergerac (81) • **ROUSSEAU**: Les Confessions (18) Discours sur les sciences et les arts (91) Rêveries du promeneur solitaire (132) • **SARTRE**: Les Mouches / Huis clos (33) La Nausée (49) Les Mots (124) • **SENGHOR**: Éthiopiques (135) • **SHAKESPEARE**: Hamlet (96) Roméo et Juliette (115) • **SOPHOCLE**: Œdipe-Roi (97) • **STENDHAL**: Le Rouge et le Noir (3) La Chartreuse de Parme (30) • **TOURNIER**: Vendredi ou les limbes du Pacifique (67) • **VERLAINE**: Poésies (136) • **VOLTAIRE**: Candide (4) Lettres philosophiques (69) L'Ingénu (109) Micromégas / Zadig (110) • **YOURCENAR**: L'Œuvre au noir (75) Mémoires d'Hadrien (125) • **ZOLA**: Germinal (1) L'Assommoir (8) Au Bonheur des Dames (42) Le Ventre de Paris (80) La Fortune des Rougon (100) Thérèse Raquin (122)

9 782091 807577

NATHAN